JN025356

5級 漢字検定 ピタリ! 予想模試

目次と得点記録表

◇ コメントには弱点などを書き入れ，回を追うごとに力がつくようにしてください。

◇ 常用漢字表に対応しています。

予想模擬テスト 1

答えには、常用漢字の旧字体や表外漢字および常用漢字音訓表以外の読みを使ってはいけない。

時間 60分
合格点 140/200
得点

(一) 次の――線の漢字の読みをひらがなで書きなさい。 (20) 1×20

1 学級会で意見が二つに割れた。( )
2 失業は深刻な社会問題だ。( )
3 昔は養蚕がさかんな地方だった。( )
4 父は果樹園を所有している。( )
5 階下で大きな音がした。( )
6 学術研究の領域を広げる。( )
7 注文した品物が郵送された。( )
8 ダチョウの卵はかたくて大きい。( )
9 市の新しい庁舎がまもなく完成する。( )

(二) 次の漢字の部首と部首名を後の□の中から選び、記号で答えなさい。 (10) 1×10

〈例〉作 部首(う) 部首名(ク)

	部首	部首名
若	(1)	(2)
異	(3)	(4)
延	(5)	(6)
憲	(7)	(8)
肺	(9)	(10)

あ 宀　い 夂　う 亻　え 月
お 艹　か 口　き 心　く 八
け 土　こ 田

(四) 次の――線のカタカナの部分を漢字一字と送りがな(ひらがな)になおしなさい。 (10) 2×5

〈例〉ボールをナゲル。(投げる)

1 自分の失敗をすなおにミトメル。( )
2 ワスレルことのできない風景だ。( )
3 ケワシイ山道を登る。( )
4 自然災害にソナエル。( )
5 急に飛び出してアブナイ目にあった。( )

(五) 漢字の読みには音と訓があります。次の熟語の読みは□の中のどの組み合わせになっていますか。ア〜エの記号で答えなさい。 (20) 2×10

ア 音と音　イ 音と訓
ウ 訓と訓　エ 訓と音

10 朝のあいさつ運動を推進する。（　　）
11 悲しいニュースに心が痛む。（　　）
12 兄は星の研究に専念している。（　　）
13 幼い子が絵をかいている。（　　）
14 不用意な一言が誤解を受けた。（　　）
15 天候が悪いので出発を延ばす。（　　）
16 湯治のために旅館にとまる。（　　）
17 よい姿勢は健康な体をつくる。（　　）
18 赤い夕日が水面に映って美しい。（　　）
19 説明文の骨子をノートにまとめる。（　　）
20 困った時の神だのみ（　　）

ア うかんむり　イ こころ
ウ くさかんむり　エ た
オ は　カ なべぶた けいさんかんむり
キ にくづき　ク にんべん
ケ くち　コ えんにょう

(三) 次の漢字の**太い画**のところは**筆順の何画目**か、また**総画数は何画**か、**算用数字**（1、2、3…）で答えなさい。（10）1×10

〈例〉投（5）（7）

	何画目	総画数
卵	（1）	（2）
裁	（3）	（4）
遺	（5）	（6）
系	（7）	（8）
専	（9）	（10）

1 宇宙（　　）
2 横顔（　　）
3 試合（　　）
4 関所（　　）
5 巻物（　　）
6 宣言（　　）
7 役割（　　）
8 看護（　　）
9 丸太（　　）
10 筋力（　　）

(六) 次の**カタカナ**を**漢字**になおし、**一字**だけ書きなさい。（20）2×10

1 **ユウ**先順位（　　）
2 人気**ゼッ**頂（　　）
3 負**タン**軽減（　　）
4 直**シャ**日光（　　）
5 栄養**ホ**給（　　）
6 実力発**キ**（　　）
7 人権宣**ゲン**（　　）
8 高層建**チク**（　　）
9 平和共**ゾン**（　　）
10 精**ミツ**機械（　　）

(七) 後の□の中のひらがなを漢字になおして、**対義語**(意味が反対や対になることば)と、**類義語**(意味がよくにたことば)を書きなさい。
□の中のひらがなは**一度だけ**使い、**漢字一字**を書きなさい。

(20) 2×10

対義語

整理―散(1)　(　　)
保守―(2)新　(　　)
私用―(3)用　(　　)
無視―(4)重　(　　)
合奏―(5)奏　(　　)

類義語

感心―(6)服　(　　)
自分―自(7)　(　　)
早急―(8)急　(　　)
入会―(9)入　(　　)

(九) 漢字を二字組み合わせた熟語では、二つの漢字の間に意味の上で、次のような関係があります。

(20) 2×10

ア　反対や対になる意味の字を組み合わせたもの。(例…**強弱**)
イ　同じような意味の字を組み合わせたもの。(例…**進行**)
ウ　上の字が下の字の意味を説明(修飾)しているもの。(例…**国旗**)
エ　下の字から上の字へ返って読むと意味がよくわかるもの。(例…**消火**)

次の**熟語**は右のア〜エのどれにあたるか、**記号**で答えなさい。

1 半熟(　　)
2 収支(　　)
3 旅券(　　)
4 善悪(　　)
5 洗顔(　　)
6 授受(　　)
7 世論(　　)
8 預金(　　)
9 退院(　　)
10 収納(　　)

(十) 次の――線の**カタカナ**を**漢字**になおしなさい。

(40) 2×20

1 この地方に伝わる文化**イサン**を守る。(　　)
2 道路の**カクチョウ**工事が始まった。(　　)
3 口から**デマカ**せにいいかげんなことを言う。(　　)
4 時間を**エンチョウ**して議論を進める。(　　)
5 お祭り気分が**モ**り上がった。(　　)
6 短歌や**ハイク**は日本独特の詩である。(　　)
7 ピアノの**チョウリツ**をしてもらう。(　　)
8 試験が**ス**んだのでほっとした。(　　)
9 カタツムリは**マ**き貝の一種である。(　　)
10 あの人はすべてに行き**トド**いている。(　　)

真心 ―（10）意（　　）

か・かく・けい・こ・こう
し・せい・そん・どく・らん

(八) 後の□の中から漢字を選んで、次の意味にあてはまる**熟語**を作りなさい。答えは**記号**で書きなさい。 (10) 2×5

〈例〉本をよむこと。〔読書〕（シ・サ）

1 よりよいほうへ進むこと。（　・　）
2 人の行いのもとになるきまり。（　・　）
3 完全になくしてしまうこと。（　・　）
4 物をつくるもとになるもの。（　・　）
5 はなやかで人目をひくこと。（　・　）

ア 資　イ 律　ウ 上　エ 派
オ 向　カ 手　キ 根　ク 規
ケ 絶　コ 源　サ 書　シ 読

(十) 次の――線の**カタカナ**をそれぞれ別の**漢字**になおしなさい。 (20) 2×10

1 兄は英会話の**コウシュウ**を受けている。（　　）
2 電車の中でも**コウシュウ**道徳を守る。（　　）
3 仕事を**カタ**づけてお茶にする。（　　）
4 新しい**カタ**の自転車を買った。（　　）
5 **キンシ**なので眼鏡をかけている。（　　）
6 道路工事のため通行**キンシ**だ。（　　）
7 五輪の競技場に**セイカ**が燃える。（　　）
8 研究は大きな**セイカ**を収めた。（　　）
9 姉は**コテン**音楽をきくのが好きだ。（　　）
10 祖父は油絵の**コテン**を開いている。（　　）
11 保健室で**キョウイ**を測定する。（　　）
12 **ケイサツ**官が会場周辺を見張っている。（　　）
13 赤ちゃんの**タンジョウ**を待ち望む。（　　）
14 大はばに**ネビ**きして在庫をさばく。（　　）
15 工作機械の**コショウ**を修理する。（　　）
16 勉強部屋の**ツクエ**の上を整理する。（　　）
17 児童**ケンショウ**は子どもの幸せを守るきまりです。（　　）
18 信号の見**アヤマ**りが事故の原因だ。（　　）
19 **コクモツ**を貯蔵する倉庫が並んでいる。（　　）
20 **ワレサキ**にと外へ飛び出した。（　　）

予想模擬テスト❷

答えには、常用漢字の旧字体や表外漢字および常用漢字音訓表以外の読みを使ってはいけない。

時間 60分

合格点 140/200

得点

(一) 次の――線の漢字の読みをひらがなで書きなさい。 (20) 1×20

1 食べ物を容器に入れて密閉する。（　）
2 ハナショウブの株分けをした。（　）
3 母はピンクの口紅を愛用している。（　）
4 よく話し合ってから結論を出そう。（　）
5 気持ちをこめて詩を朗読する。（　）
6 時計の針が正午を指している。（　）
7 交通安全週間の看板が出ている。（　）
8 政治家が経済の改革に取り組む。（　）
9 晴れ間を見てふとんを干す。（　）

(二) 次の漢字の部首と部首名を後の□の中から選び、記号で答えなさい。 (10) 1×10

〈例〉作（う）（ク）

	部首	部首名
域	（1）	（2）
暮	（3）	（4）
糖	（5）	（6）
勤	（7）	（8）
忠	（9）	（10）

あ 米　い 广　う 亻　え 丨
お 心　か 日　き 戈　く 艹
け 力　こ 土

(四) 次の――線のカタカナの部分を漢字一字と送りがな（ひらがな）になおしなさい。 (10) 2×5

〈例〉ボールをナゲル。（投げる）

1 古い茶わんがワレタ。（　）
2 頭がイタイので学校を休んだ。（　）
3 結果から結論をミチビキ出す。（　）
4 みんなで話し合う場をモウケル。（　）
5 農業をイトナム。（　）

(五) 漢字の読みには音と訓があります。次の熟語の読みは□の中のどの組み合わせになっていますか。ア〜エの記号で答えなさい。 (20) 2×10

ア 音と音　イ 音と訓
ウ 訓と訓　エ 訓と音

10 創業百年を記念して大売り出しをする。（　　）
11 広場に集まって体操をする。（　　）
12 窓に朝日が反射している。（　　）
13 春休みに祖母の家を訪ねた。（　　）
14 町には古い社がある。（　　）
15 ふろで弟と背中を流し合う。（　　）
16 白熱した試合に興奮してきた。（　　）
17 ヘビがとぐろを巻いている。（　　）
18 規律正しい生活を送る。（　　）
19 日本文学の源を調べる。（　　）
20 舌はわざわいの根（　　）

ア ちから　イ つちへん
ウ ひ　エ こめへん
オ くさかんむり　カ まだれ
キ こころ　ク にんべん
ケ ほこづくり　コ ぼう
ほこがまえ　たてぼう

(三) 次の漢字の**太い画**のところは**筆順の何画目**か、また**総画数は何画**か、**算用数字**(1、2、3…)で答えなさい。 (10) 1×10

	何画目	総画数
〈例〉投	（5）	（7）
異	（1　）	（2　）
蒸	（3　）	（4　）
閣	（5　）	（6　）
織	（7　）	（8　）
難	（9　）	（10　）

1 総出（　　）
2 割引（　　）
3 欲望（　　）
4 札束（　　）
5 手製（　　）
6 片道（　　）
7 裏作（　　）
8 登場（　　）
9 雨具（　　）
10 批評（　　）

(六) 次の**カタカナ**を**漢字**になおし、**一字**だけ書きなさい。 (20) 2×10

1 真実一**ロ**（　　）
2 酸素**キュウ**入（　　）
3 実験**ソウ**置（　　）
4 油断大**テキ**（　　）
5 書留**ユウ**便（　　）
6 悪口**ゾウ**言（　　）
7 一挙両**トク**（　　）
8 起**ショウ**転結（　　）
9 学習意**ヨク**（　　）
10 自給自**ソク**（　　）

（七）後の□の中のひらがなを漢字になおして、**対義語**（意味が反対や対になることば）と、**類義語**（意味がよくにたことば）を書きなさい。□の中のひらがなは**一度だけ**使い、**漢字一字**を書きなさい。

(20) 2×10

対義語

河口―水（1）（　）
通常―（2）時（　）
就任―（3）任（　）
賞賛―非（4）（　）
開店―（5）店（　）

類義語

出版―（6）行（　）
賃金―（7）料（　）
有名―（8）名（　）
内訳―明（9）（　）

（九）漢字を二字組み合わせた熟語では、二つの漢字の間に意味の上で、次のような関係があります。

(20) 2×10

ア　反対や対になる意味の字を組み合わせたもの。（例…**強弱**）

イ　同じような意味の字を組み合わせたもの。（例…**進行**）

ウ　上の字が下の字の意味を説明（修飾）しているもの。（例…**国旗**）

エ　下の字から上の字へ返って読むと意味がよくわかるもの。（例…**消火**）

次の**熟語**は右のア～エのどれにあたるか、**記号**で答えなさい。

1 寒暖（　）
2 胸囲（　）
3 存在（　）
4 縦横（　）
5 延期（　）
6 看病（　）
7 価値（　）
8 育児（　）
9 潮風（　）
10 仁愛（　）

（十）次の――線の**カタカナ**を**漢字**になおしなさい。

(40) 2×20

1 祖父は運動不足を散歩で**オギナ**っている。（　）
2 突然、父が**スガタ**を現した。（　）
3 **クロシオ**に乗って魚群が日本に近づく。（　）
4 美しい山々が**ツラ**なる。（　）
5 国民としての**ケンリ**を主張する。（　）
6 日本人は**キンベン**だと言われている。（　）
7 日米**シンゼン**のためにつくす。（　）
8 一人を**ノゾ**いてみんなが知っている。（　）
9 真空パックは食品の**ホゾン**に便利だ。（　）
10 新しい**ジュウタク**が建った。（　）

発展 ― 進（10）（　　）

かん・きゅう・げん・さい・じ
ちょ・なん・へい・ぽ・りん

(八) 後の□の中から漢字を選んで、次の意味にあてはまる**熟語**を作りなさい。答えは**記号**で書きなさい。 (10) 2×5

〈例〉本をよむこと。（読書）（シ・サ）

1 物事をおそれない心。（　・　）

2 こうではないかとおしはかること。（　・　）

3 非常にいそぐこと。（　・　）

4 仕事や責任を引き受けること。（　・　）

5 文書に自分のなまえを書き記すこと。（　・　）

ア 負	イ 至	ウ 察	エ 署
オ 推	カ 胸	キ 急	ク 担
ケ 度	コ 名	サ 書	シ 読

(十) 次の――線の**カタカナ**をそれぞれ別の**漢字**になおしなさい。 (20) 2×10

1 人事**イドウ**で父の勤め先が変わる。（　　）

2 車を安全な場所に**イドウ**させる。（　　）

3 人工**エイセイ**を打ち上げた。（　　）

4 食品を**エイセイ**的に保存する。（　　）

5 バスは**ユウリョウ**道路をひたすら走る。（　　）

6 **ユウリョウ**運転者のカードをもらう。（　　）

7 雨の中を歩いて家に**カエ**った。（　　）

8 図書館で借りた本を**カエ**す。（　　）

9 学級で話し合いの**シカイ**をした。（　　）

10 きりが晴れて**シカイ**が開けてきた。（　　）

11 運動会で**ボウ**引きの競技をした。（　　）

12 **セイザ**して話を聞く。（　　）

13 他人の意見を**ケイシ**すべきでない。（　　）

14 **スジミチ**を立てて話す。（　　）

15 家の**ウラニワ**に犬小屋を作った。（　　）

16 ちょうしん器で**シンゾウ**の音をきく。（　　）

17 駅の**マドグチ**で特急券を買う。（　　）

18 係の仕事を**リッパ**にやりとげた。（　　）

19 季節の**クダモノ**がおいしい。（　　）

20 大きな**ショウガイ**をこく服する。（　　）

予想模擬テスト ③

答えには、常用漢字の旧字体や表外漢字および常用漢字音訓表以外の読みを使ってはいけない。

時間 60分

合格点 140/200

得点

(一) 次の――線の**漢字の読み**を**ひらがな**で書きなさい。 (20) 1×20

1 文字は人類の大切な文化遺産だ。（　）（　）
2 故郷の友達と会う。（　）（　）
3 著名な文学者の作品を読む。（　）（　）
4 台所で大根を刻んでいる。（　）（　）
5 道路に沿って水田が続いている。（　）（　）
6 体調をくずして朝から食欲がない。（　）（　）
7 政党の代表が街頭で演説している。（　）（　）
8 実力が認められて大関の地位につく。（　）（　）
9 新人作家の作風を批評する。（　）（　）

(二) 次の漢字の**部首**と**部首名**を後の□の中から選び、**記号**で答えなさい。 (10) 1×10

〈例〉作（う）（ク）

	部首	部首名
閣	（1）	（2）
討	（3）	（4）
宇	（5）	（6）
割	（7）	（8）
欲	（9）	（10）

あ 宀　い 干　う 亻　え 言
お 欠　か 亠　き 門　く 寸
け 口　こ 刂

(四) 次の――線の**カタカナ**の部分を**漢字一字と送りがな（ひらがな）**になおしなさい。 (10) 2×5

〈例〉ボールを**ナゲル**。（投げる）

1 大学で医学を**オサメル**。（　）
2 山頂に**イタル**道は険しかった。（　）
3 どちらにしようかと**マヨッ**た。（　）
4 よちよち歩きの**オサナイ**子をだく。（　）
5 議長の職責を**ツトメル**。（　）

(五) 漢字の読みには**音**と**訓**があります。次の**熟語の読み**は□の中のどの組み合わせになっていますか。ア～エの**記号**で答えなさい。 (20) 2×10

ア 音と音　イ 音と訓
ウ 訓と訓　エ 訓と音

10 公衆道徳を守りましょう。（　　）
11 山の頂に雲がかかった。（　　）
12 太古の地層から化石が発見された。（　　）
13 牧場で朝早くから牛の乳をしぼる。（　　）
14 ごちそうになって満腹になった。（　　）
15 銀行にお金を預ける。（　　）
16 この夏は背泳ができるようになりたい。（　　）
17 セーターに穴があいた。（　　）
18 文章の誤りを正す。（　　）
19 文化祭は明日で幕を閉じる。（　　）
20 火事で家財が灰になった。（　　）

ア すん　イ くち
ウ あくび かける　エ りっとう
オ なべぶた けいさんかんむり　カ もんがまえ
キ かん いちじゅう　ク にんべん
ケ うかんむり　コ ごんべん

(三) 次の漢字の**太い画**のところは**筆順の何画目**か、また**総画数は何画**か、**算用数字**（1、2、3…）で答えなさい。 (10) 1×10

〈例〉投（5）（7）　何画目　総画数

	何画目	総画数
域	（1　）	（2　）
巻	（3　）	（4　）
暖	（5　）	（6　）
劇	（7　）	（8　）
盛	（9　）	（10　）

1 並木（　　）
2 洋間（　　）
3 頭脳（　　）
4 道筋（　　）
5 窓口（　　）
6 定刻（　　）
7 値段（　　）
8 鋼鉄（　　）
9 職場（　　）
10 巻紙（　　）

(六) 次の**カタカナ**を**漢字**になおし、**一字**だけ書きなさい。 (20) 2×10

1 四**シャ**五入（　　）
2 **セイ**人君子（　　）
3 全勝**ユウ**勝（　　）
4 学級日**シ**（　　）
5 **イン**果応報（　　）
6 自己負**タン**（　　）
7 玉石**コン**交（　　）
8 **リン**機応変（　　）
9 複雑**コッ**折（　　）
10 国際親**ゼン**（　　）

(七) 後の□の中のひらがなを漢字になおして、**対義語**(意味が反対や対になることば)と、**類義語**(意味がよくにたことば)を書きなさい。
□の中のひらがなは**一度だけ**使い、**漢字一字**を書きなさい。

(20) 2×10

対義語

遠洋―(1)海 (　　)
外出―帰(2) (　　)
誕生―死(3) (　　)
単線―(4)線 (　　)
増進―(5)退 (　　)

類義語

外国―(6)国 (　　)
便利―重(7) (　　)
同意―(8)成 (　　)
改良―改(9) (　　)

(九) 漢字を二字組み合わせた熟語では、二つの漢字の間に意味の上で、次のような関係があります。

(20) 2×10

ア 反対や対になる意味の字を組み合わせたもの。(例…**強弱**)
イ 同じような意味の字を組み合わせたもの。(例…**進行**)
ウ 上の字が下の字の意味を説明(修飾)しているもの。(例…**国旗**)
エ 下の字から上の字へ返って読むと意味がよくわかるもの。(例…**消火**)

次の**熟語**は右のア～エのどれにあたるか、**記号**で答えなさい。

1 俳号 (　　)
2 登頂 (　　)
3 難易 (　　)
4 特権 (　　)
5 映写 (　　)
6 恩師 (　　)
7 計測 (　　)
8 皮革 (　　)
9 去来 (　　)
10 洗車 (　　)

(十) 次の――線の**カタカナ**を**漢字**になおしなさい。

(40) 2×20

1 自然を**ホゴ**する活動に参加する。 (　　)
2 学級**タンニン**の先生が決まった。 (　　)
3 計算問題で**タンジュン**なミスをした。 (　　)
4 本堂の**ウラテ**に墓地がある。 (　　)
5 電車の中にかさを置き**ワス**れてきた。 (　　)
6 **ジュクレン**のわざが光る。 (　　)
7 児童公園の**スナバ**で遊んでいた。 (　　)
8 オーロラが発生する**ヒミツ**を解く。 (　　)
9 **ジュモク**はじっと芽ぶきを待っている。 (　　)
10 **トウブン**をひかえた食事をとる。 (　　)

快活 ―（10）気（　　）

い・えん・げん・さん・ぜん
たく・ふく・ほう・ぼう・よう

(八) 後の□の中から漢字を選んで、次の意味にあてはまる**熟語**を作りなさい。答えは**記号**で書きなさい。 (10) 2×5

〈例〉本をよむこと。〔読書〕（シ・サ）

1 よごれがなくきよらかなこと。（　・　）
2 うけわたしをすること。（　・　）
3 まじめにつとめを果たすこと。（　・　）
4 むねのすくような気持ちよさ。（　・　）
5 うれしい知らせ。（　・　）

ア 実	イ 潔	ウ 痛	エ 報
オ 快	カ 授	キ 清	ク 忠
ケ 受	コ 朗	サ 書	シ 読

(十) 次の――線の**カタカナ**をそれぞれ別の**漢字**になおしなさい。 (20) 2×10

1 先生が合唱の**シキ**をする。（　　）
2 植物園では**シキ**を通じて花がさく。（　　）
3 解決の方策を**ケントウ**する。（　　）
4 大体の**ケントウ**は付いている。（　　）
5 超音波を使って湖の**スイシン**を測る。（　　）
6 地域で美化運動を**スイシン**する。（　　）
7 神が天地を**ソウゾウ**した。（　　）
8 山は**ソウゾウ**していたより高かった。（　　）
9 知事として県を**オサ**める。（　　）
10 注文品を倉庫に**オサ**める。（　　）

11 背筋をのばして**シセイ**を正す。（　　）
12 **シャクハチ**の音が静かに流れてきた。（　　）
13 教科の参考書を**ゴサツ**買った。（　　）
14 駅前の売店で**ザッシ**を買う。（　　）
15 赤ちゃんに**ニュウシ**が生え始めた。（　　）
16 **スエナガ**く幸せに暮らしたいものだ。（　　）
17 静かな池でつり糸を**タ**らす。（　　）
18 山に野鳥を**カンサツ**しに行く。（　　）
19 風がふくと寒気はいっそう**キビ**しくなった。（　　）
20 **メガネ**をかけて新聞を読む。（　　）

予想模擬テスト ❹

答えには、常用漢字の旧字体や表外漢字および常用漢字音訓表以外の読みを使ってはいけない。

時間 60分　合格点 140/200　得点

(一) 次の——線の**漢字の読み**を**ひらがな**で書きなさい。　(20) 1×20

1 駅前広場の拡張工事が始まる。（　）
2 海の深さを音波で測る。（　）
3 子供の安全を地域ぐるみで守る。（　）
4 亡父の遺品を整理している。（　）
5 ちらしを配って開店を宣伝する。（　）
6 森のおくに泉がわき出ている。（　）
7 糖分の多い食べ物をひかえる。（　）
8 兄弟で食事の後片付けをする。（　）
9 有名な武将をえがいた小説だ。（　）

(二) 次の漢字の**部首**と**部首名**を後の□の中から選び、**記号**で答えなさい。　(10) 1×10

〈例〉作（う）（ク）　部首　部首名

	部首	部首名
裏	1	2
簡	3	4
聖	5	6
郷	7	8
困	9	10

あ 門　い 耳　う 亻　え 囗
お 口　か 衣　き 竹　く 亠
け 阝　こ 木

(四) 次の——線の**カタカナ**の部分を**漢字一字と送りがな**（ひらがな）になおしなさい。　(10) 2×5

〈例〉ボールを**ナゲル**。（投げる）

1 欲張った心を**ステル**。（　）
2 友人が転校してから**ヒサシイ**。（　）
3 砂ばくは一日の気温の変化が**ハゲシイ**。（　）
4 新しい仕事に意欲を**モヤス**。（　）
5 冬の日は**クレル**のが早い。（　）

(五) 漢字の読みには**音**と**訓**があります。次の**熟語の読み**は□の中のどの組み合わせになっていますか。ア〜エの**記号**で答えなさい。　(20) 2×10

ア 音と音　イ 音と訓
ウ 訓と訓　エ 訓と音

10 資料を集めて漢字の起源を調べる。（　　）
11 成功することは疑いない。（　　）
12 世間の風潮に流されない。（　　）
13 難しい算数の問題が解けた。（　　）
14 売り上げ金を金庫に納める。（　　）
15 戦力を補強して相手チームを破った。（　　）
16 この寺は拝観する人が多いそうだ。（　　）
17 善い行いをして先生にほめられた。（　　）
18 絵画の作品を展覧会に出した。（　　）
19 かべに耳あり障子に目あり（　　）
20 忠言耳に逆らう（　　）

ア き　　イ おおざと
ウ みみ　　エ もんがまえ
オ なべぶた　　カ たけかんむり
キ くにがまえ　　ク にんべん
ケ くち　　コ こころも

(三) 次の漢字の**太い画**のところは**筆順の何画目**か、また**総画数は何画**か、**算用数字**（1、2、3…）で答えなさい。 (10) 1×10

〈例〉 投（5）（7）
　　　何画目　総画数

	何画目	総画数
陛	（1）	（2）
延	（3）	（4）
臨	（5）	（6）
揮	（7）	（8）
貴	（9）	（10）

---

1 川岸（　　）
2 憲法（　　）
3 組曲（　　）
4 幕内（　　）
5 効果（　　）
6 針箱（　　）
7 裏門（　　）
8 格安（　　）
9 宝船（　　）
10 劇薬（　　）

(六) 次の**カタカナ**を**漢字**になおし、**一字**だけ書きなさい。 (20) 2×10

1 急**テン**直下（　　）
2 臨時**シュウ**入（　　）
3 大同小**イ**（　　）
4 政**トウ**政治（　　）
5 大器**バン**成（　　）
6 宇**チュウ**開発（　　）
7 外交政**サク**（　　）
8 **セン**門用語（　　）
9 **キ**急存亡（　　）
10 海底**タン**検（　　）

(七) 後の□の中のひらがなを漢字になおして、**対義語**(意味が反対や対になることば)と、**類義語**(意味がよくにたことば)を書きなさい。□の中のひらがなは**一度だけ**使い、**漢字一字**を書きなさい。 (20) 2×10

対義語

開幕―(1)幕 (　　)
横断―(2)断 (　　)
暖流―(3)流 (　　)
実物―(4)型 (　　)
読者―(5)者 (　　)

類義語

回遊―(6)遊 (　　)
快活―明(7) (　　)
給料―(8)金 (　　)
方法―手(9) (　　)

(九) 漢字を二字組み合わせた熟語では、二つの漢字の間に意味の上で、次のような関係があります。 (20) 2×10

ア 反対や対になる意味の字を組み合わせたもの。 (例…**強弱**)
イ 同じような意味の字を組み合わせたもの。 (例…**進行**)
ウ 上の字が下の字の意味を説明(修飾)しているもの。 (例…**国旗**)
エ 下の字から上の字へ返って読むと意味がよくわかるもの。 (例…**消火**)

次の**熟語**は右のア〜エのどれにあたるか、**記号**で答えなさい。

1 往復 (　　)
2 宿敵 (　　)
3 敬語 (　　)
4 伝導 (　　)
5 就職 (　　)
6 車窓 (　　)
7 損益 (　　)
8 米俵 (　　)
9 除草 (　　)
10 幼少 (　　)

(十) 次の――線の**カタカナ**を**漢字**になおしなさい。 (40) 2×20

1 決勝を前に選手は**コウフン**していた。 (　　)
2 台風の接近で暴風**ケイホウ**が出た。 (　　)
3 自分の信条に**シタガ**っている。 (　　)
4 いちいち言い**ワケ**をするな。 (　　)
5 コップの冷水を一気に飲み**ホ**した。 (　　)
6 地質の調査で**アナ**をほる。 (　　)
7 **ムネ**をはって元気よく歩く。 (　　)
8 平安時代の**エマキモノ**が見つかった。 (　　)
9 冬に備えて食料を**チョゾウ**する。 (　　)
10 **スジミチ**を立てて話すことが大切だ。 (　　)

生産 ― 製（10）（　　）

かん・しゅう・じゅう・ぞう・だん
ちょ・ちん・へい・も・ろう

(八) 後の□の中から漢字を選んで、次の意味にあてはまる**熟語**を作りなさい。答えは**記号**で書きなさい。 (10) 2×5

〈例〉 本をよむこと。〔読書〕（シ・サ）

1 人間のちえをこえたふしぎなこと。（　・　）
2 うまく始末すること。（　・　）
3 物を並べてみんなに見せること。（　・　）
4 制度などをあらためてよくすること。（　・　）
5 短くてよくまとまっているようす。（　・　）

ア 示	イ 神	ウ 潔	エ 改
オ 簡	カ 処	キ 展	ク 善
ケ 秘	コ 革	サ 書	シ 読

(十) 次の――線の**カタカナ**をそれぞれ別の**漢字**になおしなさい。 (20) 2×10

1 風を受けてヨットが**カイソウ**する。（　　）
2 内部を**カイソウ**して開店した。（　　）
3 ヘリコプターが**コウカ**し始めた。（　　）
4 店には**コウカ**な宝石がならんでいる。（　　）
5 英語の文章を日本語に**ヤク**す。（　　）
6 分数を**ヤク**す方法を学習した。（　　）
7 悪天候でスキー教室は**チュウシ**だ。（　　）
8 投手の一球一球を**チュウシ**する。（　　）
9 **ジキ**はずれの花がさく。（　　）
10 **ジキ**を帯びない金属もある。（　　）
11 争いのない世界を**キズ**き上げたい。（　　）
12 **キケン**をさける。（　　）
13 出発の合図の**フエ**をふいた。（　　）
14 実力を**ハッキ**するよい機会だ。（　　）
15 まだ**シュウヨウ**人数にゆとりがある。（　　）
16 鏡に向かってかみの**ミダ**れを直す。（　　）
17 人の心の働きは**ノウ**で行われる。（　　）
18 心の底にしっかりと**キザ**みこむ。（　　）
19 国民の声を政治に**ハンエイ**させる。（　　）
20 富士の**サンチョウ**に立つ。（　　）

予想模擬テスト 5

答えには、常用漢字の旧字体や表外漢字および常用漢字音訓表以外の読みを使ってはいけない。

時間 60分　合格点 140/200　得点

(一) 次の――線の**漢字の読み**を**ひらがな**で書きなさい。 (20) 1×20

1 きりが晴れて山が姿を現した。（　）
2 祖父が今の会社を創った。（　）
3 所得を正しく申告する。（　）
4 砂場で子供たちが遊んでいる。（　）
5 問題の内容を簡潔に説明する。（　）
6 中央官庁は都心に集まっている。（　）
7 足を骨折して包帯を巻かれた。（　）
8 日が暮れるまでには帰ります。（　）
9 両者の言い分を聞いて公平に裁く。（　）

(二) 次の漢字の**部首**と**部首名**を後の□の中から選び、**記号**で答えなさい。 (10) 1×10

〈例〉作（う）（ク）

	部首	部首名
層	（1）	（2）
誠	（3）	（4）
盟	（5）	（6）
勤	（7）	（8）
我	（9）	（10）

あ 力　い 戈　う イ　え ノ
お 言　か 灬　き 皿　く 艹
け 日　こ 尸

(四) 次の――線の**カタカナ**の部分を**漢字一字と送りがな（ひらがな）**になおしなさい。 (10) 2×5

〈例〉ボールをナゲル。（投げる）

1 神前に新酒をソナエル。（　）
2 食事の前に手をよくアラウ。（　）
3 重い病気ではないかとウタガウ。（　）
4 後の始末は係にマカセル。（　）
5 庭の雑草を取りノゾク。（　）

(五) 漢字の読みには**音**と**訓**があります。次の**熟語の読み**は□の中のどの組み合わせになっていますか。ア～エの**記号**で答えなさい。 (20) 2×10

ア 音と音　イ 音と訓
ウ 訓と訓　エ 訓と音

10 父は枝豆をつまんでビールを飲む。（　　）

11 初売り出しで閉店までにぎわう。（　　）

12 我をわすれてにじにみとれる。（　　）

13 学校だよりを町内で回覧する。（　　）

14 その区域には立ち入ってはいけない。（　　）

15 夏は水遊びに限る。（　　）

16 人々を危険からまもる対策を立てる。（　　）

17 アンケート用紙に署名する。（　　）

18 台風の翌日には晴れることが多い。（　　）

19 姉は英語の通訳をしている。（　　）

20 今日の試験は易しかった。（　　）

ア れっか れんが	イ くさかんむり
ウ ひへん	エ かばね しかばね
オ さら	カ ちから
キ ほこづくり ほこがまえ	ク にんべん
ケ ごんべん	コ のはらいぼう

（三） 次の漢字の**太い画**のところは**筆順の何画目**か、また**総画数は何画**か、**算用数字**（1、2、3…）で答えなさい。 (10) 1×10

	何画目	総画数
〈例〉投	（5）	（7）
若	（1　）	（2　）
承	（3　）	（4　）
絹	（5　）	（6　）
骨	（7　）	（8　）
並	（9　）	（10　）

1 探検（　　）

2 痛手（　　）

3 鉄道（　　）

4 内閣（　　）

5 場所（　　）

6 荷車（　　）

7 潮風（　　）

8 茶柱（　　）

9 裏庭（　　）

10 遺産（　　）

（六） 次の**カタカナ**を**漢字**になおし、**一字**だけ書きなさい。 (20) 2×10

1 自**コ**主張（　　）

2 地下資**ゲン**（　　）

3 和顔**アイ**語（　　）

4 一**コク**千金（　　）

5 **キ**模拡大（　　）

6 **セン**業農家（　　）

7 首**ノウ**会談（　　）

8 **タン**刀直入（　　）

9 自画自**サン**（　　）

10 雨天順**エン**（　　）

(七) 後の□の中のひらがなを漢字になおして、**対義語**(意味が反対や対になることば)と、**類義語**(意味がよくにたことば)を書きなさい。□の中のひらがなは**一度だけ**使い、**漢字一字**を書きなさい。 (20) 2×10

対義語

寒冷―(1)暖 ( )
許可―(2)止 ( )
可決―(3)決 ( )
密集―散(4) ( )
延長―短(5) ( )

類義語

質問―質(6) ( )
意外―(7)外 ( )
着任―(8)任 ( )
大切―(9)重 ( )

(九) 漢字を二字組み合わせた熟語では、二つの漢字の間に意味の上で、次のような関係があります。 (20) 2×10

ア 反対や対になる意味の字を組み合わせたもの。 (例…**強弱**)
イ 同じような意味の字を組み合わせたもの。 (例…**進行**)
ウ 上の字が下の字の意味を説明(修飾)しているもの。 (例…**国旗**)
エ 下の字から上の字へ返って読むと意味がよくわかるもの。 (例…**消火**)

次の**熟語**は右のア～エのどれにあたるか、**記号**で答えなさい。

1 着席 ( )
2 視力 ( )
3 策略 ( )
4 賛否 ( )
5 潮風 ( )
6 尊敬 ( )
7 庁舎 ( )
8 乗降 ( )
9 在宅 ( )
10 大腸 ( )

(十) 次の――線の**カタカナ**を**漢字**になおしなさい。 (40) 2×20

1 巻き**ジャク**を使って物置の高さを測る。 ( )
2 急に風雨が**ハゲ**しくなった。 ( )
3 南極からの**エイゾウ**がテレビにうつる。 ( )
4 旅先の宿で**キョウド**料理を食べた。 ( )
5 **ワタクシ**には二人の兄がいます。 ( )
6 **マイバン**寝る前に歯をみがく。 ( )
7 仕事ぶりが**ミト**められた。 ( )
8 太陽の光が目を**イ**る。 ( )
9 合唱コンクールの**シキ**者に選ばれた。 ( )
10 ようやく**キズグチ**がふさがった。 ( )

用意 ―― (10) 備 (　　)

あん・おん・き・ぎ・きん・ざい
しゅう・しゅく・じゅん・ひ

(八) 後の□の中から漢字を選んで、次の意味にあてはまる**熟語**を作りなさい。答えは**記号**で書きなさい。 (10) 2×5

〈例〉本をよむこと。〔読書〕(シ・サ)

1 言い負かされたりして言葉につまること。 (　・　)
2 楽器を使って音楽をかなでること。 (　・　)
3 おたがいに意見を出して話し合うこと。 (　・　)
4 限られた人だけが使うこと。 (　・　)
5 勇気をふるいおこすこと。 (　・　)

ア 演	イ 論	ウ 奮	エ ロ	
オ 起	カ 閉	キ 用	ク 討	
ケ 専	コ 奏	サ 書	シ 読	

(十) 次の――線の**カタカナ**をそれぞれ別の**漢字**になおしなさい。 (20) 2×10

1 兄は外交官を**シボウ**している。 (　　)
2 祖父は三年前に**シボウ**している。 (　　)
3 庭園の**ケイカン**に見とれる。 (　　)
4 **ケイカン**が車の流れをさばく。 (　　)
5 長年**ス**み慣れた家をはなれた。 (　　)
6 買い物が**ス**みしだい帰る。 (　　)
7 朝の早起きに**ツト**める。 (　　)
8 総会で議長を**ツト**める。 (　　)
9 国会議員が新しい**セイトウ**をつくる。 (　　)
10 妹の言い分には**セイトウ**な理由がある。 (　　)
11 パソコンを自由に**ソウサ**する。 (　　)
12 雨の少ない**イジョウ**気象が続く。 (　　)
13 土星は地球と同じ太陽**ケイ**の仲間だ。 (　　)
14 わが身をつねって人の**イタ**みを知れ。 (　　)
15 物売りの**ヨ**び声が聞こえる。 (　　)
16 マラソンコースの**エンドウ**は小旗の波だ。 (　　)
17 製鉄会社の**カブヌシ**となる。 (　　)
18 星空を見ると広大な**ウチュウ**を感じる。 (　　)
19 アサリは**ニマイガイ**だ。 (　　)
20 文化祭の最後の**マク**が下りた。 (　　)

予想模擬テスト ⑥

答えには、常用漢字の旧字体や表外漢字および常用漢字音訓表以外の読みを使ってはいけない。

時間 60分
合格点 140/200
得点

(一) 次の――線の漢字の読みをひらがなで書きなさい。 (20) 1×20

1 かれの勝手な行動が批判された。（　）
2 運動場の鉄棒で逆上がりをする。（　）
3 話題作の上映がついに始まった。（　）
4 痛ましい事件を早く解決してほしい。（　）
5 姉は四月から市役所に就職する。（　）
6 私もごいっしょいたします。（　）
7 家でかわいい子犬を飼っている。（　）
8 歌詞の意味を考えて校歌を歌う。（　）
9 外国の国王が日本を訪問された。（　）

(二) 次の漢字の部首と部首名を後の□の中から選び、記号で答えなさい。 (10) 1×10

〈例〉作（ う ）（ ク ）
部首　部首名

	部首	部首名
系	（1）	（2）
鋼	（3）	（4）
劇	（5）	（6）
貴	（7）	（8）
痛	（9）	（10）

あ 貝　い 虍　う 亻　え 金
お 幺　か 糸　き 疒　く 山
け 人　こ 刂

(四) 次の――線のカタカナの部分を漢字一字と送りがな（ひらがな）になおしなさい。 (10) 2×5

〈例〉ボールをナゲル。（投げる）

1 友人をパーティーにマネク。（　）
2 老人をウヤマウ心を育てる。（　）
3 生徒の前で手本をシメス。（　）
4 無理な要求をシリゾケル。（　）
5 サッカーチームをヒキイル。（　）

(五) 漢字の読みには音と訓があります。次の熟語の読みは□の中のどの組み合わせになっていますか。ア～エの記号で答えなさい。 (20) 2×10

ア 音と音　イ 音と訓
ウ 訓と訓　エ 訓と音

10 成功を手中に収めた。（　　）

11 規律正しい毎日を送る。（　　）

12 天皇陛下が災害地を視察された。（　　）

13 合格できるかどうかの境目だ。（　　）

14 困難を乗りこえて一歩一歩成長する。（　　）

15 横浜を経て東京に向かう。（　　）

16 母は毛糸でセーターを編んだ。（　　）

17 国民には納税の義務がある。（　　）

18 雪をかぶった町の並木が美しい。（　　）

19 農家の田んぼを耕している。（　　）

20 母は洋裁学校の先生だ。（　　）

ア いとがしら　よう
イ やまいだれ
ウ かい　こがい
エ りっとう
オ いと
カ とらがしら　とらかんむり
キ ひとやね
ク にんべん
ケ かねへん
コ やま

(三) 次の漢字の**太い画**のところは**筆順の何画目**か、また**総画数は何画**か、**算用数字**（1、2、3…）で答えなさい。(10) 1×10

〈例〉投（5）（7）　何画目　総画数

	何画目	総画数
片	（1　）	（2　）
呼	（3　）	（4　）
蔵	（5　）	（6　）
派	（7　）	（8　）
孝	（9　）	（10　）

1 団子（　　）

2 湯気（　　）

3 布製（　　）

4 磁石（　　）

5 誕生（　　）

6 生卵（　　）

7 新顔（　　）

8 場面（　　）

9 翌日（　　）

10 口紅（　　）

(六) 次の**カタカナ**を**漢字**になおし、**一字**だけ書きなさい。(20) 2×10

1 自然**イ**産（　　）

2 一心不**ラン**（　　）

3 天変地**イ**（　　）

4 **ザ**席指定（　　）

5 **スイ**理小説（　　）

6 人工**エイ**星（　　）

7 温**ダン**前線（　　）

8 独立**セン**言（　　）

9 私利私**ヨク**（　　）

10 発車時**コク**（　　）

(七) 後の□の中のひらがなを漢字になおして、**対義語**(意味が反対や対になることば)と、**類義語**(意味がよくにたことば)を書きなさい。□の中のひらがなは**一度だけ**使い、**漢字一字**を書きなさい。

(20) 2×10

対義語

共有—(1)有 (　　)
安全—(2)険 (　　)
目的—手(3) (　　)
就職—(4)職 (　　)
公開—秘(5) (　　)

類義語

尊重—重(6) (　　)
開演—開(7) (　　)
平等—(8)等 (　　)
火事—火(9) (　　)

(九) 漢字を二字組み合わせた熟語では、二つの漢字の間に意味の上で、次のような関係があります。

(20) 2×10

ア 反対や対になる意味の字を組み合わせたもの。(例…**強弱**)

イ 同じような意味の字を組み合わせたもの。(例…**進行**)

ウ 上の字が下の字の意味を説明(修飾)しているもの。(例…**国旗**)

エ 下の字から上の字へ返って読むと意味がよくわかるもの。(例…**消火**)

次の**熟語**は右のア〜エのどれにあたるか、**記号**で答えなさい。

1 除去 (　　)
2 興亡 (　　)
3 承認 (　　)
4 養蚕 (　　)
5 厳守 (　　)
6 閉幕 (　　)
7 転宅 (　　)
8 問答 (　　)
9 幼虫 (　　)
10 建築 (　　)

(十) 次の――線の**カタカナ**を**漢字**になおしなさい。

(40) 2×20

1 オーケストラの**エンソウ**会に行った。 (　　)
2 移り行く世の**スガタ**を写真に残す。 (　　)
3 川に**ソ**って歩く。 (　　)
4 情勢に合わせ**カイカク**を進める。 (　　)
5 急な**カイダン**を上がり下がりする。 (　　)
6 病気の予防**タイサク**を立てる。 (　　)
7 勇気を**フル**って一歩をふみ出した。 (　　)
8 卒業記念の**ショクジュ**をした。 (　　)
9 オリンピックの**セイカ**ランナーだ。 (　　)
10 野菜を**レイゾウ**庫にしまう。 (　　)

同意 ―（10）知（　）

き・きん・し・さい・しょう
せん・たい・だん・まく・みつ

（八） 後の□の中から漢字を選んで、次の意味にあてはまる熟語を作りなさい。答えは記号で書きなさい。 (10) 2×5

〈例〉 本をよむこと。〔読書〕（シ・サ）

1 そのものが持っているねうち。（　・　）
2 光や熱などが物にあたってはね返ること。（　・　）
3 注意するように知らせること。（　・　）
4 人とちがった考えや意見。（　・　）
5 形をとってあらわれた物事。（　・　）

ア 議	イ 象	ウ 射	エ 告
オ 値	カ 警	キ 価	ク 異
ケ 現	コ 反	サ 書	シ 読

（十） 次の――線のカタカナをそれぞれ別の漢字になおしなさい。 (20) 2×10

1 力士が土俵にシオをまく。（　）
2 この辺はシオの流れが速い。（　）
3 父はコウニン会計士です。（　）
4 部長のコウニンが決まる。（　）
5 旅行の様子をカンケツに話す。（　）
6 連続ドラマがカンケツする。（　）
7 堂々と自分の意見をノべた。（　）
8 悪天候で出発の日をノばす。（　）
9 予報によるとトウブン雨が続くらしい。（　）
10 はちみつはトウブンが多いそうだ。（　）
11 大きなカンバンをかかげる。（　）
12 小中学校の通学クイキが変わる。（　）
13 すぐれたズノウの持ち主だ。（　）
14 話し合ってハンチョウを決めた。（　）
15 いくらヨクバってもたかが知れている。（　）
16 長年のウタガいをはらす。（　）
17 資料をホソクして説明をした。（　）
18 何年かぶりにキョウリへ帰った。（　）
19 足元に視線がソソがれている。（　）
20 この町はテッコウ業がさかんだ。（　）

予想模擬テスト ⑦

答えには、常用漢字の旧字体や表外漢字および常用漢字音訓表以外の読みを使ってはいけない。

時間 60分
合格点 140/200
得点

（一）次の――線の**漢字の読み**を**ひらがな**で書きなさい。（20）1×20

1 地球温暖化防止にとりくむ。（　）
2 晩秋の野に赤とんぼが飛びかう。（　）
3 決められた座席についた。（　）
4 この道を進むと市役所に至る。（　）
5 先頭走者との差が縮まった。（　）
6 母は私の話を聞くと額にしわをよせた。（　）
7 新しい情報の提供を受ける。（　）
8 夕焼けが西の空を赤く染める。（　）
9 神社へ参拝に行く。（　）

（二）次の漢字の**部首**と**部首名**を後の□の中から選び、**記号**で答えなさい。（10）1×10

〈例〉作（う）（ク）　部首　部首名

漢字	部首	部首名
敬	（1）	（2）
射	（3）	（4）
臓	（5）	（6）
裁	（7）	（8）
刻	（9）	（10）

あ 月　い 寸　う イ　え 亠
お リ　か 艹　き 攵　く 土
け 衣　こ 身

（四）次の――線の**カタカナ**の部分を**漢字一字と送りがな（ひらがな）**になおしなさい。（10）2×5

〈例〉ボールをナゲル。（投げる）

1 役所にトドケル書類を書く。（　）
2 医者をココロザシて勉強する。（　）
3 キビシイ練習が実って優勝した。（　）
4 自分の考えをはっきりノベル。（　）
5 夜もふけて人通りがタエル。（　）

（五）漢字の読みには**音**と**訓**があります。次の**熟語の読み**は□の中のどの組み合わせになっていますか。ア～エの**記号**で答えなさい。（20）2×10

ア 音と音　イ 音と訓
ウ 訓と訓　エ 訓と音

10 兄は市役所に勤めている。（　　）
11 博覧会が大々的に開幕した。（　　）
12 決勝戦が全国に放映された。（　　）
13 深く息を吸いこんだ。（　　）
14 相手を敬う気持ちが大切だ。（　　）
15 残っていた乳歯がやっとぬけた。（　　）
16 家の裏庭でバラの花がさいた。（　　）
17 人権尊重の精神を養う。（　　）
18 花が散って葉桜の季節になった。（　　）
19 一見の価値がある名画だ。（　　）
20 骨折り損のくたびれもうけ（　　）

ア なべぶた　イ のぶん ぼくづくり
ウ ころも　エ りっとう
オ くさかんむり　カ すん
キ にくづき　ク にんべん
ケ みへん　コ つち

(三) 次の漢字の**太い画**のところは**筆順の何画目**か、また**総画数は何画**か、算用数字（1、2、3…）で答えなさい。 (10) 1×10

〈例〉投（5）（7）　何画目　総画数

	何画目	総画数
誕	1（　）	2（　）
糖	3（　）	4（　）
皇	5（　）	6（　）
訪	7（　）	8（　）
呼	9（　）	10（　）

1 茶柱（　）（　）
2 割合（　）（　）
3 仏様（　）（　）
4 読点（　）（　）
5 縦糸（　）（　）
6 遺伝（　）（　）
7 係員（　）（　）
8 街角（　）（　）
9 夕刊（　）（　）
10 絵筆（　）（　）

(六) 次の**カタカナ**を**漢字**になおし、**一字**だけ書きなさい。 (20) 2×10

1 公**シュウ**衛生（　　）
2 **カブ**式会社（　　）
3 賛否両**ロン**（　　）
4 通学区**イキ**（　　）
5 弱**ニク**強食（　　）
6 国民主**ケン**（　　）
7 本領発**キ**（　　）
8 公**シ**混同（　　）
9 宇宙遊**エイ**（　　）
10 七**ナン**八苦（　　）

(七) 後の□の中のひらがなを漢字になおして、**対義語**（意味が反対や対になることば）と、**類義語**（意味がよくにたことば）を書きなさい。□の中のひらがなは**一度だけ**使い、**漢字一字**を書きなさい。 (20) 2×10

対義語

修理―破（1）（　）

支出―（2）入（　）

発病―全（3）（　）

容易―困（4）（　）

成虫―（5）虫（　）

類義語

真心―（6）意（　）

反対―（7）議（　）

加入―加（8）（　）

不在―（9）守（　）

(九) 漢字を二字組み合わせた熟語では、二つの漢字の間に意味の上で、次のような関係があります。 (20) 2×10

ア　反対や対になる意味の字を組み合わせたもの。（例…**強弱**）

イ　同じような意味の字を組み合わせたもの。（例…**進行**）

ウ　上の字が下の字の意味を説明（修飾）しているもの。（例…**国旗**）

エ　下の字から上の字へ返って読むと意味がよくわかるもの。（例…**消火**）

次の**熟語**は右のア～エのどれにあたるか、**記号**で答えなさい。

1 若者（　）

2 金銭（　）

3 樹木（　）

4 進退（　）

5 観劇（　）

6 単独（　）

7 翌年（　）

8 探査（　）

9 就任（　）

10 利害（　）

(十一) 次の――線の**カタカナ**を**漢字**になおしなさい。 (40) 2×20

1 校内であいさつ運動を**スイシン**する。（　）

2 努力のかいがあって**ユウショウ**した。（　）

3 博覧会の入場者数は**ノ**べ百万人に達した。（　）

4 発表会でピアノの**ドクソウ**をした。（　）

5 二階の**マドベ**に季節の花をかざる。（　）

6 提案に反対意見を**トナ**える。（　）

7 **カンシャ**の気持ちを表す。（　）

8 会議が**ナンコウ**する。（　）

9 来月から**ウンチン**が値上げされる。（　）

10 じっと目を**ト**じて心を静める。（　）

家屋 ― 住（10）（　　）

い・かい・しゅう・せい・そん
たく・なん・めい・よう・る

（八） 後の□の中から漢字を選んで、次の意味にあてはまる**熟語**を作りなさい。答えは**記号**で書きなさい。 (10) 2×5

〈例〉 本をよむこと。〔読書〕（シ・サ）

1 考えなどを出すこと。（　・　）
2 物事のよい悪いについて意見を言うこと。（　・　）
3 物を倉庫などにたくわえておくこと。（　・　）
4 病人などの手当てや世話をすること。（　・　）
5 ほしいと願う気持ち。（　・　）

ア 欲	イ 評	ウ 案	エ 貯
オ 提	カ 護	キ 望	ク 批
ケ 看	コ 蔵	サ 書	シ 読

（十） 次の――線の**カタカナ**をそれぞれ別の**漢字**になおしなさい。 (20) 2×10

1 園児が**ハラ**っぱで花をつんでいる。（　　）
2 友達どうしが**ハラ**をわって話し合う。（　　）
3 **キョウド**の名物をいただいた。（　　）
4 建物の柱の**キョウド**を調べる。（　　）
5 梅雨**ゼンセン**が九州から北上する。（　　）
6 **ゼンセン**むなしく試合に負けた。（　　）
7 次の停留所でバスを**オ**りる。（　　）
8 公民館の使用許可が**オ**りた。（　　）
9 雨の日は家に**イ**る。（　　）
10 この仕事には人手が**イ**る。（　　）
11 午後の十時には**ヘイテン**します。（　　）
12 当初から**ホウシン**は変わっていない。（　　）
13 他人を**チュウショウ**してはいけない。（　　）
14 **ショウライ**の夢を作文に書く。（　　）
15 美しい風景を見て**ハイク**を作った。（　　）
16 落ち着きに**カ**けると注意された。（　　）
17 電車が発車**スンゼン**でとまる。（　　）
18 **オンセン**で体を温める。（　　）
19 **テツボウ**で逆上がりをする。（　　）
20 探していた**マイゴ**が見つかった。（　　）

予想模擬テスト ⑧

答えには、常用(じょうよう)漢字の旧(きゅう)字体や表外漢字および常用漢字音訓表以外の読みを使ってはいけない。

時間 60分　合格点 140/200　得点

（一）次の——線の**漢字の読み**を**ひらがな**で書きなさい。　(20) 1×20

1 宇宙の神秘をさぐるのが将来の夢だ。（　）（　）
2 魚つりの良い穴場を知っている。（　）（　）
3 いたみやすい食べ物を冷蔵する。（　）（　）
4 名前を呼ばれて入室した。（　）（　）
5 自ら難しい仕事を引き受ける。（　）（　）
6 備忘録に書き留める。（　）（　）
7 高くそびえる天守閣にのぼる。（　）（　）
8 地図を開いて場所を探す。（　）（　）
9 決心は鋼鉄よりも固い。（　）（　）

（二）次の漢字の**部首**と**部首名**を後の□の中から選び、**記号**で答えなさい。　(10) 1×10

〈例〉作（う）（ク）　部首　部首名

	部首	部首名
届	（1）	（2）
陛	（3）	（4）
済	（5）	（6）
築	（7）	（8）
忘	（9）	（10）

あ 心　い 田　う 亻　え 土
お ⺮　か 尸　き 亠　く 木
け 阝　こ 氵

（四）次の——線の**カタカナ**の部分を**漢字一字と送りがな（ひらがな）**になおしなさい。　(10) 2×5

〈例〉ボールをナゲル。（投げる）

1 争いをサバク。（　）
2 親類からおみやげをイタダク。（　）
3 春がフタタビめぐってくる。（　）
4 レモンでビタミンCをオギナウ。（　）
5 駅前に店をカマエル。（　）

（五）漢字の読みには**音**と**訓**があります。次の**熟語の読み**は□の中のどの組み合わせになっていますか。ア〜エの**記号**で答えなさい。　(20) 2×10

ア 音と音　イ 音と訓
ウ 訓と訓　エ 訓と音

10 夢想だにしなかったことが起こった。（　　）

11 危ないところでは遊ばない。（　　）

12 試合は悪天候のため延期された。（　　）

13 人助けは善い行いだ。（　　）

14 五パーセントの割引で買った。（　　）

15 縦糸と横糸で布を織る。（　　）

16 新しく出た図書を著者名で探す。（　　）

17 試合の前に呼吸を整える。（　　）

18 兄弟でも性格は異なる。（　　）

19 申し出を快く引き受けた。（　　）

20 目上の人に敬語で話す。（　　）

ア なべぶた けいさんかんむり	イ かばね しかばね	
ウ こころ	エ さんずい	
オ つち	カ こざとへん	
キ き	ク にんべん	
ケ た	コ たけかんむり	

(三) 次の漢字の**太い画**のところは**筆順の何画目**か、また**総画数は何画**か、**算用数字**（1、2、3…）で答えなさい。 (10) 1×10

〈例〉 **投**（5）（7）
何画目　総画数

	何画目	総画数
灰	（1　）	（2　）
我	（3　）	（4　）
誠	（5　）	（6　）
将	（7　）	（8　）
訳	（9　）	（10　）

1 指揮（　　）

2 台所（　　）

3 返済（　　）

4 合図（　　）

5 背骨（　　）

6 強気（　　）

7 駅前（　　）

8 歯車（　　）

9 貯蔵（　　）

10 傷口（　　）

(六) 次の**カタカナ**を**漢字**になおし、**一字**だけ書きなさい。 (20) 2×10

1 公害対**サク**（　　）

2 **シュウ**議一決（　　）

3 保守**カク**新（　　）

4 生**ゾン**競争（　　）

5 言語道**ダン**（　　）

6 検**トウ**課題（　　）

7 **キョウ**土芸能（　　）

8 理**ロ**整然（　　）

9 天地**ソウ**造（　　）

10 **ホ**足説明（　　）

(七) 後の□の中のひらがなを漢字になおして、**対義語**(意味が反対や対になることば)と、**類義語**(意味がよくにたことば)を書きなさい。□の中のひらがなは**一度だけ**使い、**漢字一字**を書きなさい。 (20) 2×10

対義語

冷静―興(1) (　　)

理想―(2)実 (　　)

往復―(3)道 (　　)

難解―平(4) (　　)

往路―(5)路 (　　)

類義語

実直―(6)勉 (　　)

刊行―出(7) (　　)

感動―感(8) (　　)

費用―(9)費 (　　)

(九) 漢字を二字組み合わせた熟語では、二つの漢字の間に意味の上で、次のような関係があります。 (20) 2×10

ア 反対や対になる意味の字を組み合わせたもの。 (例…**強弱**)

イ 同じような意味の字を組み合わせたもの。 (例…**進行**)

ウ 上の字が下の字の意味を説明(修飾)しているもの。 (例…**国旗**)

エ 下の字から上の字へ返って読むと意味がよくわかるもの。 (例…**消火**)

次の**熟語**は右のア〜エのどれにあたるか、**記号**で答えなさい。

1 幼児 (　　)

2 夕刻 (　　)

3 断続 (　　)

4 負傷 (　　)

5 軽傷 (　　)

6 公私 (　　)

7 除雪 (　　)

8 尊敬 (　　)

9 難題 (　　)

10 豊富 (　　)

(十) 次の——線の**カタカナ**を**漢字**になおしなさい。 (40) 2×20

1 うわさの真相を**タシ**かめる。 (　　)

2 減税をかかげた**セイサク**をうちだす。 (　　)

3 今年も**ガイロジュ**が色づき始めた。 (　　)

4 フロントに**キチョウ**品を預ける。 (　　)

5 鏡に向かって**クチベニ**をつけた。 (　　)

6 町の名工の記念館が**ソウセツ**された。 (　　)

7 **アバ**れ出したら手に負えない。 (　　)

8 やかんから**ジョウキ**が立ちのぼる。 (　　)

9 食事の前に**テアラ**いをする。 (　　)

10 切り**カブ**から小さな芽が出ていた。 (　　)

記名 ― （10）名（　　　）

い・かた・き・きん・けい・げき
げん・しょ・ぱん・ふん

(八) 後の□の中から漢字を選んで、次の意味にあてはまる**熟語**を作りなさい。答えは**記号**で書きなさい。 (10) 2×5

〈例〉本をよむこと。〈読書〉（シ・サ）

1 今までの地位などにとどまること。（　・　）

2 そのままの状態でのこしておくこと。（　・　）

3 ほんの少しまえ。（　・　）

4 人を感心させるようなすぐれたことば。（　・　）

5 はっきりせず、うたがわしいこと。（　・　）

ア 任	イ 存	ウ 留	エ 寸		
オ 名	カ 問	キ 保	ク 疑		
ケ 言	コ 前	サ 書	シ 読		

(十) 次の――線の**カタカナ**をそれぞれ別の**漢字**になおしなさい。 (20) 2×10

1 スタンドの**カンシュウ**は総立ちになる。（　　）

2 昔の**カンシュウ**にしたがって式を行う。（　　）

3 遠くから笛の**ネ**が聞こえる。（　　）

4 選手を集めて作戦を**ネ**る。（　　）

5 友達と**トモ**にマラソンの練習をする。（　　）

6 祖母のお**トモ**をして墓に参る。（　　）

7 **センコク**ご承知のことと存じます。（　　）

8 医者が重病を**センコク**する。（　　）

9 客船は予定の**ジコク**に出港した。（　　）

10 留学生が**ジコク**語であいさつした。（　　）

11 売れ行きは**センデン**の仕方にもよる。（　　）

12 好みの料理が**ショクヨク**をそそる。（　　）

13 ゴムの**クダ**から水がもれている。（　　）

14 一万分の一に**シュクシャク**した地図を買う。（　　）

15 **オガ**みたおして参加してもらう。（　　）

16 明るい曲に合わせて**サクシ**する。（　　）

17 大金を出す**ネ**うちのある品物だ。（　　）

18 **コマ**ったことはまず先生に相談しよう。（　　）

19 駅の近辺に住宅が**ミッシュウ**している。（　　）

20 **ハリ**の穴に糸を通す。（　　）

予想模擬テスト⑨

答えには、常用漢字の旧字体や表外漢字および常用漢字音訓表以外の読みを使ってはいけない。

時間 60分
合格点 140/200
得点

(一) 次の——線の**漢字の読み**を**ひらがな**で書きなさい。 (20) 1×20

1 昨年に比べて今年は豊作だ。（　）
2 五年後の人口を推測する。（　）
3 王は大軍を率いてせめ込んだ。（　）
4 夏休みには臨海学校がある。（　）
5 主人公の生き方に胸を打たれる。（　）
6 鉱泉がわき出ている。（　）
7 高原のススキが晩秋の風にそよぐ。（　）
8 部屋の温度が一定に保たれる。（　）
9 ちこくした訳を先生に話した。（　）

(二) 次の漢字の**部首**と**部首名**を後の□の中から選び、**記号**で答えなさい。 (10) 1×10

〈例〉 作（う）（ク） 部首 部首名

	部首	部首名
筋	（1）	（2）
窓	（3）	（4）
晩	（5）	（6）
蚕	（7）	（8）
姿	（9）	（10）

あ 日　い 儿　う 亻　え 竹
お 虫　か 力　き 心　く 穴
け 女　こ 大

(四) 次の——線の**カタカナ**の部分を**漢字一字と送りがな(ひらがな)**になおしなさい。 (10) 2×5

〈例〉 ボールをナゲル。（投げる）

1 おじは布をソメル仕事をしている。（　）
2 物音におどろいて馬がアバレル。（　）
3 台所で野菜をキザム音がする。（　）
4 食のコノミが変わる。（　）
5 この問題はムズカシイ。（　）

(五) 漢字の読みには**音**と**訓**があります。次の**熟語の読み**は□の中のどの組み合わせになっていますか。ア～エの**記号**で答えなさい。 (20) 2×10

ア 音と音　イ 音と訓
ウ 訓と訓　エ 訓と音

10 練習の成果を発揮する。（　　）

11 郷土の伝統産業について調べる。（　　）

12 畑一面にしもが降りている。（　　）

13 山頂に近づくにつれて視界が広がる。（　　）

14 目を閉じて心を静める。（　　）

15 大都市には鉄筋の建物が多い。（　　）

16 祝勝会はすごく盛り上がった。（　　）

17 加熱して水分を蒸発させる。（　　）

18 花模様の布地を買った。（　　）

19 不要なものをごみ箱に捨てる。（　　）

20 従来の方法を続けていこう。（　　）

ア だい	イ こころ
ウ むし	エ ひとあし にんにょう
オ おんな	カ たけかんむり
キ あなかんむり	ク にんべん
ケ ちから	コ ひへん

（三） 次の漢字の**太い画**のところは**筆順の何画目**か、また**総画数は何画**か、**算用数字**（1、2、3…）で答えなさい。 (10) 1×10

	何画目	総画数
〈例〉投	（ 5 ）	（ 7 ）
困	（1　）	（2　）
覧	（3　）	（4　）
鋼	（5　）	（6　）
純	（7　）	（8　）
党	（9　）	（10　）

---

1 推理（　　）

2 客間（　　）

3 流氷（　　）

4 仕事（　　）

5 郷里（　　）

6 無口（　　）

7 塩味（　　）

8 規律（　　）

9 幼児（　　）

10 着物（　　）

（六） 次の**カタカナ**を**漢字**になおし、**一字**だけ書きなさい。 (20) 2×10

1 外交**ジ**令（　　）

2 時間**ゲン**守（　　）

3 分別**シュウ**集（　　）

4 月刊雑**シ**（　　）

5 空前**ゼツ**後（　　）

6 **ゾウ**器移植（　　）

7 異**ク**同音（　　）

8 地**イキ**社会（　　）

9 絶対**アン**静（　　）

10 自**キュウ**自足（　　）

(七) 後の□の中のひらがなを漢字になおして、**対義語**（意味が反対や対になることば）と、**類義語**（意味がよくにたことば）を書きなさい。
□の中のひらがなは**一度だけ**使い、**漢字一字**を書きなさい。

(20) 2×10

対義語

満潮—（1）潮（　　）

整然—（2）然（　　）

圧勝—完（3）（　　）

未来—（4）去（　　）

強制—（5）意（　　）

類義語

価格—値（6）（　　）

未来—（7）来（　　）

始末—（8）理（　　）

直前—（9）前（　　）

(九) 漢字を二字組み合わせた熟語では、二つの漢字の間に意味の上で、次のような関係があります。

(20) 2×10

ア　反対や対になる意味の字を組み合わせたもの。（例…**強弱**）

イ　同じような意味の字を組み合わせたもの。（例…**進行**）

ウ　上の字が下の字の意味を説明（修飾）しているもの。（例…**国旗**）

エ　下の字から上の字へ返って読むと意味がよくわかるもの。（例…**消火**）

次の**熟語**は右のア～エのどれにあたるか、**記号**で答えなさい。

1 早熟（　）
2 引退（　）
3 増減（　）
4 停止（　）
5 洗面（　）
6 金棒（　）
7 国宝（　）
8 蒸気（　）
9 立腹（　）
10 乱雑（　）

(十) 次の——線の**カタカナ**を**漢字**になおしなさい。

(40) 2×20

1 天然**シゲン**にめぐまれた島だ。（　　）

2 外出を**キョカ**する。（　　）

3 説明を聞いて**ギモン**が解けた。（　　）

4 学生時代は**エンゲキ**部に所属していた。（　　）

5 **セオヨ**ぎは得意な種目だ。（　　）

6 問題と解答を**テ**らしあわせる。（　　）

7 母は**シキュウ**の用件で出かけた。（　　）

8 会社の**シュッキン**時間は九時だ。（　　）

9 新しい家の**ホネグ**みができ上がった。（　　）

10 橋の**ホシュウ**工事が終わった。（　　）

赤字 ―（10）失（　　）

か・かん・ざつ・しょ・しょう
すん・そん・だん・にん・ぱい

(八) 後の□の中から漢字を選んで、次の意味にあてはまる**熟語**を作りなさい。答えは**記号**で書きなさい。 (10) 2×5

〈例〉本をよむこと。〔読書〕（シ・サ）

1 生まれ育った土地。（　・　）
2 実際のようすを直接調べ見ること。（　・　）
3 世の中に知られていること。（　・　）
4 はじめてつくり出すこと。（　・　）
5 役目につくこと。（　・　）

ア 郷	イ 視	ウ 任	エ 創	オ 著	カ 作	キ 故	ク 名
ケ 察	コ 就	サ 書	シ 読				

(十) 次の――線の**カタカナ**をそれぞれ別の**漢字**になおしなさい。 (20) 2×10

1 父は定年前に会社を**ユウタイ**した。（　）
2 映画の**ユウタイ**券をもらう。（　）
3 シャツのボタンを**ト**めておく。（　）
4 通行を**ト**めて道路工事をする。（　）
5 相手チームに大差をつけ**カイショウ**した。（　）
6 この雨で水不足も**カイショウ**するだろう。（　）
7 祖母は**アツ**いお茶を好んで飲む。（　）
8 兄は**アツ**い英語の辞書を買う。（　）
9 将来の**シンロ**を考える。（　）
10 船は南に**シンロ**をとった。（　）
11 **ケワ**しい顔つきになる。（　）
12 夕日が空を赤く**ソ**める。（　）
13 **オンダン**な気候にめぐまれている。（　）
14 自動**カイヘイ**式のドアを取り付ける。（　）
15 さわやかな**ワカバ**の季節となった。（　）
16 駅前で**ショメイ**運動をする。（　）
17 **ヨクゲツ**の予定を立てる。（　）
18 妹は**メイロウ**な性格だ。（　）
19 命に過ぎたる**タカラ**なし（　）
20 鏡に姿を**ウツ**す。（　）

予想模擬テスト ⑩

答えには、常用漢字の旧字体や表外漢字および常用漢字音訓表以外の読みを使ってはいけない。

時間 60分
合格点 140/200
得点

(一) 次の――線の**漢字の読み**を**ひらがな**で書きなさい。 (20) 1×20

1 有害物質をふくむごみを取り除く。（　）
2 窓ガラスに反射した光がまぶしい。（　）
3 舌の肥えた人。（　）
4 次の駅までの運賃を調べる。（　）
5 セミが木の幹に止まっている。（　）
6 物語を読んで少女の誠実さに感動した。（　）
7 宝石を散りばめたような星空だ。（　）
8 幼児のころに遊んだ公園を思い出す。（　）
9 チャンスは再びやってきた。（　）

(二) 次の漢字の**部首**と**部首名**を後の□の中から選び、**記号**で答えなさい。 (10) 1×10

〈例〉作〔う〕〔ク〕

	部首	部首名
補	(1)	(2)
誌	(3)	(4)
宗	(5)	(6)
私	(7)	(8)
灰	(9)	(10)

あ 禾　い 宀　う 亻　え 厂
お 言　か 礻　き 衤　く 士
け 火　こ ム

(四) 次の――線の**カタカナ**の部分を**漢字一字と送りがな（ひらがな）**になおしなさい。 (10) 2×5

〈例〉ボールをナゲル。（投げる）

1 現在にイタルまでの道のり。（　）
2 春になって畑をタガヤス。（　）
3 ルールにシタガッテゲームを楽しむ。（　）
4 ゆったりとした一日をスゴシた。（　）
5 政治に関心をヨセル。（　）

(五) 漢字の読みには**音**と**訓**があります。次の**熟語の読み**は□の中のどの組み合わせになっていますか。ア〜エの**記号**で答えなさい。 (20) 2×10

ア 音と音　イ 音と訓
ウ 訓と訓　エ 訓と音

10 新しい内閣が誕生した。（　）
11 ガスもれの検査が厳重に行われた。（　）
12 信号機の故障のためダイヤが乱れる。（　）
13 本の巻頭にはしがきをのせる。（　）
14 入場行進の指揮をとる。（　）
15 街角に聖歌隊のうた声が流れる。（　）
16 神社で手を合わせて拝む。（　）
17 疑問を持ったのでその場でたずねた。（　）
18 船の針路を北にとる。（　）
19 天高く馬肥ゆる秋（　）
20 舞台に一世一代の晴れ姿を現す。（　）

ア む	イ しめすへん
ウ がんだれ	エ ころもへん
オ ひ	カ さむらい
キ うかんむり	ク にんべん
ケ ごんべん	コ のぎへん

(三) 次の漢字の**太い画**のところは**筆順の何画目**か、また**総画数は何画**か、**算用数字**(1、2、3…)で答えなさい。 (10) 1×10

〈例〉投（5）（7）　何画目　総画数

	何画目	総画数
垂	（1）	（2）
聖	（3）	（4）
晩	（5）	（6）
射	（7）	（8）
探	（9）	（10）

1 指図（　）（　）
2 効用（　）（　）
3 受付（　）（　）
4 番組（　）（　）
5 皇室（　）（　）
6 生傷（　）（　）
7 劇場（　）（　）
8 仕事（　）（　）
9 宗教（　）（　）
10 首筋（　）（　）

(六) 次の**カタカナ**を**漢字**になおし、**一字**だけ書きなさい。 (20) 2×10

1 記録**エイ**画（　）
2 応急**ショ**置（　）
3 議**ロン**百出（　）
4 文化**イ**産（　）
5 花**チョウ**風月（　）
6 利害**トク**失（　）
7 自然**サイ**害（　）
8 **リン**時国会（　）
9 感度**リョウ**好（　）
10 教育改**カク**（　）

（七） 後の□の中のひらがなを漢字になおして、**対義語**（意味が反対や対になることば）と、**類義語**（意味がよくにたことば）を書きなさい。□の中のひらがなは**一度だけ**使い、**漢字一字**を書きなさい。

(20) 2×10

対義語

応答―質（1）（　）

増大―（2）少（　）

義務―（3）利（　）

単眼―（4）眼（　）

集団―（5）人（　）

類義語

平常―平（6）（　）

収入―所（7）（　）

広告―（8）伝（　）

同意―（9）成（　）

（九） 漢字を二字組み合わせた熟語では、二つの漢字の間に意味の上で、次のような関係があります。

(20) 2×10

ア　反対や対になる意味の字を組み合わせたもの。（例…**強弱**）

イ　同じような意味の字を組み合わせたもの。（例…**進行**）

ウ　上の字が下の字の意味を説明（修飾）しているもの。（例…**国旗**）

エ　下の字から上の字へ返って読むと意味がよくわかるもの。（例…**消火**）

次の**熟語**は右のア〜エのどれにあたるか、**記号**で答えなさい。

1 朝晩（　）
2 謝恩（　）
3 温暖（　）
4 降下（　）
5 密約（　）
6 閉店（　）
7 精密（　）
8 山頂（　）
9 有効（　）
10 干潮（　）

（十） 次の――線の**カタカナ**を**漢字**になおしなさい。

(40) 2×20

1 春の**オトズ**れを告げる行事だ。（　）
2 **サトウ**にアリが群がっている。（　）
3 店頭に新製品を**ナラ**べる。（　）
4 法律にもとづいて**サイバン**を行う。（　）
5 この本の内容は一読する**カチ**がある。（　）
6 **シタウ**ちしてくやしがった。（　）
7 図書館で**スイリ**小説を借りた。（　）
8 **ドクソウ**性に富んだ絵画だ。（　）
9 年おいた祖母の**カンビョウ**をする。（　）
10 街に三十階建ての**コウソウ**ビルがある。（　）

付近 ―（10）辺（　　）

ぎ・けん・げん・こ・さん
しゅう・せん・そ・とく・ふく

(八) 後の□の中から漢字を選んで、次の意味にあてはまる**熟語**を作りなさい。答えは**記号**で書きなさい。(10) 2×5

〈例〉本をよむこと。〔読書〕（シ・サ）

1 さしずして人を動かすこと。（　・　）
2 一つのことに心を集中すること。（　・　）
3 はんいを広げておおきくすること。（　・　）
4 液体が気体に変わること。（　・　）
5 心がすなおで清らかなこと。（　・　）

ア 指	イ 念	ウ 発	エ 拡
オ 蒸	カ 真	キ 揮	ク 専
ケ 純	コ 張	サ 書	シ 読

(十) 次の――線の**カタカナ**をそれぞれ別の**漢字**になおしなさい。(20) 2×10

1 アジアの首脳が集まり**カイダン**した。（　）
2 **カイダン**は静かに上り下りしよう。（　）
3 土足での入室は**ゲンキン**だ。（　）
4 買い物をして**ゲンキン**で支払う。（　）
5 社会**ホショウ**制度を確立する。（　）
6 この時計の**ホショウ**期間は一年だ。（　）
7 朝の海は**ナミ**が静かだ。（　）
8 桜**ナミ**木の遊歩道を歩く。（　）
9 練習の**セイカ**を見せる。（　）
10 **セイカ**市場でミカンを仕入れる。（　）
11 毎朝の散歩は**カ**かさない。（　）
12 **カタガワ**一車線の道路だ。（　）
13 敵に**セナカ**を見せることはない。（　）
14 初日がさして雲が**ベニイロ**に染まった。（　）
15 仏だんに花を**ソナ**える。（　）
16 強敵を相手に**フンセン**する。（　）
17 テレビで評判の映画**ハイユウ**だ。（　）
18 千年を**ヘ**ても美しくかがやくお堂だ。（　）
19 親善大使として友好国を**ホウモン**した。（　）
20 骨折り**ゾン**のくたびれもうけ（　）

予想模擬テスト 11

答えには、常用漢字の旧字体や表外漢字および常用漢字音訓表以外の読みを使ってはいけない。

時間 60分　合格点 140/200　得点

(一) 次の――線の**漢字の読み**を**ひらがな**で書きなさい。 (20) 1×20

1 母は俳句を作るのが好きだ。（　）
2 敵の在りかをつき止めた。（　）
3 バスの系統を確かめてから乗る。（　）
4 集合場所で班長が点呼する。（　）
5 エレベーターには安全装置がついている。（　）
6 道徳の時間に命の尊さを学ぶ。（　）
7 他人の失敗を許す気持ちを持ちたい。（　）
8 人工衛星が宇宙に打ち上げられた。（　）
9 正しい姿勢で行進する。（　）

(二) 次の漢字の**部首**と**部首名**を後の□の中から選び、**記号**で答えなさい。 (10) 1×10

〈例〉作（う）（ク）　部首　部首名

	部首	部首名
熟	1（　）	2（　）
染	3（　）	4（　）
縦	5（　）	6（　）
罪	7（　）	8（　）
座	9（　）	10（　）

あ 土　い 糸　う イ　え 罒
お 木　か 广　き 灬　く 氵
け 日　こ 宀

(四) 次の――線の**カタカナ**の部分を**漢字一字と送りがな（ひらがな）**になおしなさい。 (10) 2×5

〈例〉ボールをナゲル。（投げる）

1 自分のもつ記録をチヂメル。（　）
2 コマルことがあると母に相談する。（　）
3 すだれをタラシて西日を防ぐ。（　）
4 テーブルに食器をナラベル。（　）
5 当番をココロヨク引き受けた。（　）

(五) 漢字の読みには**音**と**訓**があります。次の**熟語の読み**は□の中のどの組み合わせになっていますか。ア～エの**記号**で答えなさい。 (20) 2×10

ア 音と音　イ 音と訓
ウ 訓と訓　エ 訓と音

10 大統領の就任式があった。（　　）

11 この文章には誤字が多い。（　　）

12 母は台所で大根を刻んでいる。（　　）

13 借金の返済に追われる。（　　）

14 再試合に備えて奮起する。（　　）

15 骨は体を支える働きをしている。（　　）

16 交通の至便な場所に住む。（　　）

17 武将は家来を従えてやってきた。（　　）

18 テレビで皇后さまのお話を聞いた。（　　）

19 美しい車窓の風景をながめる。（　　）

20 お地蔵や花なでしこの真ん中に（　　）

ア	うかんむり	イ	さんずい
ウ	まだれ	エ	れんが れっか
オ	あみがしら あみめ よこめ	カ	いとへん
キ	つち	ク	にんべん
ケ	き	コ	ひ

(三) 次の漢字の**太い画**のところは**筆順の何画目**か、また**総画数は何画**か、算用数字（1、2、3…）で答えなさい。 (10) 1×10

〈例〉 投（5）（7）　何画目　総画数

	何画目	総画数
革	（1　）	（2　）
脳	（3　）	（4　）
批	（5　）	（6　）
論	（7　）	（8　）
裏	（9　）	（10　）

1 起源（　　）

2 厚紙（　　）

3 穀類（　　）

4 砂糖（　　）

5 株式（　　）

6 若芽（　　）

7 味方（　　）

8 初夢（　　）

9 筋力（　　）

10 湯気（　　）

(六) 次の**カタカナ**を**漢字**になおし、**一字**だけ書きなさい。 (20) 2×10

1 **テキ**者生存（　　）

2 器械体**ソウ**（　　）

3 帰**タク**時刻（　　）

4 公平無**シ**（　　）

5 予防注**シャ**（　　）

6 晴**コウ**雨読（　　）

7 信号無**シ**（　　）

8 器楽合**ソウ**（　　）

9 家庭**ホウ**問（　　）

10 絶体絶**メイ**（　　）

(七) 後の□の中のひらがなを漢字になおして、**対義語**(意味が反対や対になることば)と、**類義語**(意味がよくにたことば)を書きなさい。□の中のひらがなは**一度だけ**使い、**漢字一字**を書きなさい。

(20) 2×10

対義語

公開—(1)密 (　)
進行—(2)止 (　)
快楽—苦(3) (　)
禁止—許(4) (　)
複雑—単(5) (　)

類義語

陽気—快(6) (　)
進歩—発(7) (　)
母国—(8)国 (　)
指図—指(9) (　)

(九) 漢字を二字組み合わせた熟語では、二つの漢字の間に意味の上で、次のような関係があります。

(20) 2×10

ア 反対や対になる意味の字を組み合わせたもの。(例…**強弱**)
イ 同じような意味の字を組み合わせたもの。(例…**進行**)
ウ 上の字が下の字の意味を説明(修飾)しているもの。(例…**国旗**)
エ 下の字から上の字へ返って読むと意味がよくわかるもの。(例…**消火**)

次の**熟語**は右のア〜エのどれにあたるか、**記号**で答えなさい。

1 看病 (　)
2 拝礼 (　)
3 舌戦 (　)
4 歌詞 (　)
5 敬老 (　)
6 困苦 (　)
7 得失 (　)
8 重傷 (　)
9 干満 (　)
10 悲運 (　)

(十) 次の——線の**カタカナ**を**漢字**になおしなさい。

(40) 2×20

1 その科学者の研究は高く**ヒョウカ**された。 (　)(　)
2 **オサナ**い子に座席をゆずる。 (　)(　)
3 税金は期日までに**オサ**めましょう。 (　)(　)
4 地球温暖化は**シンコク**な問題だ。 (　)(　)
5 十一月ごろから**ヨクネン**の計画を立てる。 (　)(　)
6 母の**テアツ**い看護を受けた。 (　)(　)
7 頂上に近付くと**シカイ**が開けた。 (　)(　)
8 大関が土俵の上に**ユウシ**を現した。 (　)(　)
9 父に**ニ**て背は高いほうだ。 (　)(　)
10 銀行にお金を**アズ**ける。 (　)(　)

着目 — 着（10）（　　）

か・かつ・がん・き・じゅん
そ・つう・てい・てん・ひ

（八）後の□の中から漢字を選んで、次の意味にあてはまる**熟語**を作りなさい。答えは**記号**で書きなさい。（10）2×5

〈例〉本をよむこと。〔読書〕（シ・サ）

1 しっかりとうちたてること。（　・　）
2 じゅうぶんに大切にすること。（　・　）
3 人の一生の終わりの時期。（　・　）
4 物事のつくりや仕組みなどの大きさ。（　・　）
5 これから先のこと。（　・　）

ア 年	イ 将	ウ 重	エ 規
オ 来	カ 立	キ 晩	ク 樹
ケ 模	コ 尊	サ 書	シ 読

（十）次の――線の**カタカナ**をそれぞれ別の**漢字**になおしなさい。（20）2×10

1 **キンゾク**は電気をよく伝える。（　　）
2 おじは会社に三十年**キンゾク**した。（　　）
3 きちんと**コウソウ**を練って作文する。（　　）
4 都心に**コウソウ**ビルが集中している。（　　）
5 牛乳を**カコウ**してチーズをつくる。（　　）
6 上流の水が**カコウ**に流れつく。（　　）
7 きみ**ジシン**の考え方を聞きたい。（　　）
8 方位**ジシン**は南北を示す。（　　）
9 サッカーの熱戦がテレビに**ウツ**った。（　　）
10 はち植えの花を日なたに**ウツ**す。（　　）
11 三つの国が**ドウメイ**を結んで戦った。（　　）
12 昔の絵画を**モシャ**する。（　　）
13 タオルで**クビスジ**のあせをぬぐう。（　　）
14 そのことについては**フクアン**がある。（　　）
15 イチョウの**ナミキ**道を歩く。（　　）
16 ペンチを使って**ハリガネ**を切る。（　　）
17 新聞で**コンバン**のテレビ番組を調べる。（　　）
18 平泳ぎで**ジコ**の記録をのばした。（　　）
19 **ツウヤク**ぬきで会談を始めた。（　　）
20 長いものには**マ**かれろ（　　）

予想模擬テスト ⑫

答えには、常用漢字の旧字体や表外漢字および常用漢字音訓表以外の読みを使ってはいけない。

時間 60分
合格点 140/200
得点

(一) 次の――線の漢字の読みをひらがなで書きなさい。 (20) 1×20

1 西の空が夕日に赤く染まる。（　）
2 競技会で自己の記録をのばした。（　）
3 知事が災害の現場を視察した。（　）
4 法律は人々の生活を守ってくれる。（　）
5 出火原因は火の不始末と推定される。（　）
6 北国は厳しい寒波におそわれた。（　）
7 外出のために服装を整える。（　）
8 食品会社への採用が決まった。（　）
9 農家では穀物の取り入れにいそがしい。（　）

(二) 次の漢字の部首と部首名を後の□の中から選び、記号で答えなさい。 (10) 1×10

〈例〉作（う）（ク）　部首　部首名

	部首	部首名
障	1（　）	2（　）
蒸	3（　）	4（　）
賃	5（　）	6（　）
認	7（　）	8（　）
券	9（　）	10（　）

あ 心　い 刀　う イ　え 阝
お 貝　か 日　き 艹　く 戈
け 立　こ 言

(四) 次の――線のカタカナの部分を漢字一字と送りがな（ひらがな）になおしなさい。 (10) 2×5

〈例〉ボールをナゲル。（投げる）

1 アタタカイ風が吹く。（　）
2 心をフルイ立たせる。（　）
3 気持ちがミダレル。（　）
4 伯母の家をタズネテ行く。（　）
5 あまりコノマシイ状態ではない。（　）

(五) 漢字の読みには音と訓があります。次の熟語の読みは□の中のどの組み合わせになっていますか。ア～エの記号で答えなさい。 (20) 2×10

ア 音と音　イ 音と訓
ウ 訓と訓　エ 訓と音

10 入試に備えて受験対策を考える。（　）
11 父に筆順の誤りを注意された。（　）
12 栄養と健康は密接な関係がある。（　）
13 絹ごしどうふを冷やして食べる。（　）
14 早起きをして体操をする。（　）
15 授業中は私語をつつしもう。（　）
16 フジの花がたなから垂れている。（　）
17 海外の名品を所蔵する美術館だ。（　）
18 事件の全容を究明する。（　）
19 腹八分目に医者いらず（　）
20 古都には神社や仏閣が多い。（　）

ア かい　イ たつ
ウ ほこづくり　エ ごんべん
オ ひ　カ こざとへん
キ かたな　ク にんべん
ケ くさかんむり　コ こころ

（三） 次の漢字の**太い画**のところは**筆順の何画目**か、また**総画数は何画**か、**算用数字**（1、2、3…）で答えなさい。（10）1×10

〈例〉投（5）（7）　何画目　総画数

	何画目	総画数
染	（1）	（2）
否	（3）	（4）
奏	（5）	（6）
収	（7）	（8）
除	（9）	（10）

1 着物（　）（　）
2 幕府（　）（　）
3 砂地（　）（　）
4 新型（　）（　）
5 著者（　）（　）
6 受付（　）（　）
7 総出（　）（　）
8 親分（　）（　）
9 炭俵（　）（　）
10 障害（　）（　）

（六） 次の**カタカナ**を**漢字**になおし、**一字**だけ書きなさい。（20）2×10

1 永久保**ゾン**（　）
2 **ワリ**引料金（　）
3 質**ギ**応答（　）
4 **ショ**名運動（　）
5 高**シオ**警報（　）
6 農地改**カク**（　）
7 明**ロウ**快活（　）
8 故事来**レキ**（　）
9 針小**ボウ**大（　）
10 **ヨッ**求不満（　）

(七) 後の□の中のひらがなを漢字になおして、**対義語**(意味が反対や対になることば)と、**類義語**(意味がよくにたことば)を書きなさい。□の中のひらがなは**一度だけ**使い、**漢字一字**を書きなさい。　(20) 2×10

対義語

発散―吸(1)　(　　)
拡大―(2)小　(　　)
可決―(3)決　(　　)
悪意―(4)意　(　　)
複雑―(5)単　(　　)

類義語

作者―(6)者　(　　)
永遠―永(7)　(　　)
助言―(8)告　(　　)
見事―立(9)　(　　)

(九) 漢字を二字組み合わせた熟語では、二つの漢字の間に意味の上で、次のような関係があります。　(20) 2×10

ア　反対や対になる意味の字を組み合わせたもの。(例…**強弱**)
イ　同じような意味の字を組み合わせたもの。(例…**進行**)
ウ　上の字が下の字の意味を説明(修飾)しているもの。(例…**国旗**)
エ　下の字から上の字へ返って読むと意味がよくわかるもの。(例…**消火**)

次の**熟語**は右のア～エのどれにあたるか、**記号**で答えなさい。

1 破損(　　)
2 絹糸(　　)
3 加減(　　)
4 防災(　　)
5 自己(　　)
6 従事(　　)
7 胃液(　　)
8 正誤(　　)
9 背任(　　)
10 単純(　　)

(十) 次の——線の**カタカナ**を**漢字**になおしなさい。　(40) 2×20

1 野球の**コウハク**試合をする。(　　)
2 急に**ハイイロ**の雲におおわれた。(　　)
3 **イタ**る所で鳥がさえずっている。(　　)
4 ほろ**ニガ**い味がする。(　　)
5 姉は病院の**カンゴシ**をしている。(　　)
6 最終回に打たれたホームランは**イタ**かった。(　　)
7 今日から会社に**ツト**めることになった。(　　)
8 初日の出を**オガ**む。(　　)
9 これは公的な**コクイン**といえる。(　　)
10 国会で新しい**ナイカク**が誕生した。(　　)

転任 ― 転（10）（　）

かん・きゅう・きん・こう・しゅう
しゅく・ちゅう・ちょ・ぱ・ひ

(八) 後の□の中から漢字を選んで、次の意味にあてはまる**熟語**を作りなさい。答えは**記号**で書きなさい。 (10) 2×5

〈例〉本をよむこと。〈読書〉（シ・サ）

1 たりないところをつけ加えること。（　・　）

2 世の中いっぱんの人々。（　・　）

3 物ごとをうまくさばき始末をつける。（　・　）

4 全体をいくつかにわけて受け持つこと。（　・　）

5 神社やお寺におまいりすること。（　・　）

ア 民　イ 拝　ウ 理　エ 補
オ 処　カ 分　キ 衆　ク 担
ケ 参　コ 足　サ 書　シ 読

(十) 次の――線の**カタカナ**をそれぞれ別の**漢字**になおしなさい。 (20) 2×10

1 **ケイゴ**が使えない若者が多い。（　）

2 大臣の身辺を**ケイゴ**する。（　）

3 バスの**ハッシャ**時刻を調べる。（　）

4 ロケットの**ハッシャ**に成功する。（　）

5 草木が地中に**ネ**を張る。（　）

6 残った商品を**ネ**引きして売る。（　）

7 **シキュウ**された作業服に着がえる。（　）

8 六年生は**シキュウ**、教室に入りなさい。（　）

9 本番に**ソナ**えて練習を重ねる。（　）

10 花を**ソナ**えて墓参りをする。（　）

11 **シンゾウ**の検査を受ける。（　）

12 予算案の**コッカク**ができ上がる。（　）

13 アイデアが**イズミ**のようにわきでる。（　）

14 言い**ワケ**をしてその場をのがれた。（　）

15 暴風雨警報は**カイジョ**された。（　）

16 あまりの寒さで身が**チヂ**まる。（　）

17 雨で運動会は**エンキ**された。（　）

18 秋の**ク**れる空が美しい。（　）

19 祖父は**ケイロウ**の日に招かれた。（　）

20 テレビドラマにわき役として**シュツエン**した。（　）

予想模擬テスト ⑬

答えには、常用漢字の旧字体や表外漢字および常用漢字音訓表以外の読みを使ってはいけない。

時間	合格点	得点
60分	140/200	

(一) 次の――線の**漢字の読み**を**ひらがな**で書きなさい。 (20) 1×20

1 魚が流れに逆らって泳いでいる。（　）
2 演劇部に所属している。（　）
3 幼いころの純真な心を保っている。（　）
4 確定申告の書類を作成する。（　）
5 委員の選挙に立候補した。（　）
6 アリが砂糖に群がっている。（　）
7 オリンピックの聖火が燃える。（　）
8 食欲は健康をはかる一つの尺度だ。（　）
9 勇気を出してけんかを裁いた。（　）

(二) 次の漢字の**部首**と**部首名**を後の□の中から選び、**記号**で答えなさい。 (10) 1×10

〈例〉作（う）（く）

	部首	部首名
署	（1）	（2）
頂	（3）	（4）
諸	（5）	（6）
推	（7）	（8）
遺	（9）	（10）

あ 貝　い 言　う 亻　え 扌
お 耂　か 罒　き 頁　く 隹
け 日　こ 辶

(四) 次の――線の**カタカナ**の部分を**漢字一字と送りがな(ひらがな)**になおしなさい。 (10) 2×5

〈例〉ボールを**ナゲル**。（投げる）

1 今日の会費を**オサメル**。（　）
2 南極の厳しい寒さに**ナレル**。（　）
3 手が**トドク**くらいの高さだ。（　）
4 命は**トウトイ**ものだ。（　）
5 はしごがたおれないように**ササエル**。（　）

(五) 漢字の読みには**音**と**訓**があります。次の**熟語の読み**は□の中のどの組み合わせになっていますか。ア〜エの**記号**で答えなさい。 (20) 2×10

ア 音と音　イ 音と訓
ウ 訓と訓　エ 訓と音

10 きりのために視界がきかない。（　）
11 五月三日は憲法記念日です。（　）
12 イモの子を洗うような混雑だ。（　）
13 朝夕の駅は乗降客が多い。（　）
14 ぼくの家では蚕を飼っていたそうだ。（　）
15 日本海の沿岸でとれた魚だ。（　）
16 町の中心部に公民館が設けられた。（　）
17 毎日電車で通勤している。（　）
18 昔は米や炭を俵につめた。（　）
19 大きな図をコピーで縮小する。（　）
20 桜並木の遊歩道を行く。（　）

ア おおがい	イ ひ
ウ しんにょう しんにゅう	エ あみがしら よこめ あみめ
オ てへん	カ おいがしら
キ かい こがい	ク にんべん
ケ ふるとり	コ ごんべん

(三) 次の漢字の**太い**画のところは**筆順の何画目**か、また**総画数は何画**か、**算用数字**（1、2、3…）で答えなさい。 (10) 1×10

〈例〉 投（5）（7）

	何画目	総画数
従	（1　）	（2　）
誤	（3　）	（4　）
俳	（5　）	（6　）
激	（7　）	（8　）
班	（9　）	（10　）

1 残高（　）
2 黒潮（　）
3 家賃（　）
4 閣議（　）
5 試合（　）
6 針金（　）
7 批判（　）
8 新芽（　）
9 大判（　）
10 秘密（　）

(六) 次の**カタカナ**を**漢字**になおし、**一字**だけ書きなさい。 (20) 2×10

1 宇**チュウ**旅行（　）
2 一部**シ**終（　）
3 **ユウ**便番号（　）
4 単**トウ**直入（　）
5 半信半**ギ**（　）
6 事実無**コン**（　）
7 世**ロン**調査（　）
8 **カン**末付録（　）
9 安全**ソウ**置（　）
10 **ノウ**率増進（　）

(七)

後の□の中のひらがなを漢字になおして、**対義語**（意味が反対や対になることば）と、**類義語**（意味がよくにたことば）を書きなさい。□の中のひらがなは**一度だけ**使い、**漢字一字**を書きなさい。

(20) 2×10

対義語

両方—（1）方（　）

祖先—子（2）（　）

理想—（3）実（　）

水平—（4）直（　）

生産—消（5）（　）

類義語

出生—（6）生（　）

材料—（7）材（　）

討議—討（8）（　）

使命—任（9）（　）

(九)

漢字を二字組み合わせた熟語では、二つの漢字の間に意味の上で、次のような関係があります。

(20) 2×10

ア　反対や対になる意味の字を組み合わせたもの。（例…**強弱**）

イ　同じような意味の字を組み合わせたもの。（例…**進行**）

ウ　上の字が下の字の意味を説明（修飾）しているもの。（例…**国旗**）

エ　下の字から上の字へ返って読むと意味がよくわかるもの。（例…**消火**）

次の**熟語**は右のア〜エのどれにあたるか、**記号**で答えなさい。

1 離散（　）

2 激減（　）

3 乗降（　）

4 紅白（　）

5 永久（　）

6 速球（　）

7 観覧（　）

8 除雪（　）

9 中央（　）

10 自他（　）

(十)

次の——線の**カタカナ**を**漢字**になおしなさい。

(40) 2×20

1 日本は国際連合に**カメイ**している。（　）

2 **ゼンアク**を判断する。（　）

3 春の風がとても**ココロヨ**い。（　）

4 なぞは**カンタン**に解けた。（　）

5 **ジシャク**を使って実験をする。（　）

6 牧場で牛の**チチ**をしぼるのを見た。（　）

7 **ユウラン**船に乗り、湖を一周する。（　）

8 **タテ**にそろえて並べる。（　）

9 他人の意見を**ソンチョウ**する。（　）

10 **キンニク**質でたくましい体をしている。（　）

運送 ― 運（10）（　　）

かた・げん・し・すい・そん
たん・ひ・む・ゆ・ろん

（八） 後の□の中から漢字を選んで、次の意味にあてはまる**熟語**を作りなさい。答えは**記号**で書きなさい。 (10) 2×5

〈例〉 本をよむこと。〔読書〕（シ・サ）

1 山のいただきにのぼること。（　・　）

2 ずたずたにたち切ること。（　・　）

3 人に知らせないでかくしておくこと。（　・　）

4 持っている力をおもてに出すこと。（　・　）

5 仲間に入り共に行動すること。（　・　）

ア 寸　イ 発　ウ 秘　エ 登
オ 密　カ 断　キ 揮　ク 参
ケ 頂　コ 加　サ 書　シ 読

（十） 次の――線の**カタカナ**をそれぞれ別の**漢字**になおしなさい。 (20) 2×10

1 この**ゾウカ**は本物のようだ。（　　）
2 海外へ行く人が年々**ゾウカ**している。（　　）

3 草むらから虫の**ネ**が聞こえる。（　　）
4 大売出しで商品の**ネ**が安い。（　　）

5 休日の**カンセン**道路はどこもこむ。（　　）
6 テレビで高校野球を**カンセン**する。（　　）

7 郷土館に昔の農具が**テンジ**してある。（　　）
8 目の不自由な人に**テンジ**の本をおくる。（　　）

9 ケーキを六**トウブン**して皿に盛る。（　　）
10 **トウブン**の間は留守にしています。（　　）

11 日本の**ケイショウ**地の写真集を買う。（　　）
12 午後はケーキと**コウチャ**で楽しんだ。（　　）
13 **セイトウ**の代表者が国会で論議する。（　　）
14 **ドウトク**心を養うことは重要である。（　　）
15 学校新聞に地域の話題を**モ**りこむ。（　　）
16 全員で新記録の**ジュリツ**を祝った。（　　）
17 中国大陸から黄色い**スナ**が運ばれる。（　　）
18 **ハラ**が減ってはいくさはできぬ（　　）
19 卒業を前に**シュウショク**活動をする。（　　）
20 旅は道連れ、世は**ナサ**け（　　）

予想模擬テスト 14

答えには、常用漢字の旧字体や表外漢字および常用漢字音訓表以外の読みを使ってはいけない。

時間 60分　合格点 140/200　得点

（一）次の——線の**漢字の読み**を**ひらがな**で書きなさい。　(20) 1×20

1 来日した大統領の身辺を警護する。（　）
2 修学旅行でアメリカへ行く。（　）
3 五月の誕生石はエメラルドだ。（　）
4 ふうりんの音に暑さを忘れる。（　）
5 事件は公衆の面前で起きた。（　）
6 激しい雨に強い風も加わってきた。（　）
7 この村の半分は穀倉地帯だ。（　）
8 姉は経理事務所に勤めている。（　）
9 野球の試合で気力を奮って戦った。（　）

（二）次の漢字の**部首**と**部首名**を後の□の中から選び、**記号**で答えなさい。　(10) 1×10

〈例〉作（う）（ク）
部首　部首名

	部首	部首名
庁	（1）	（2）
探	（3）	（4）
盛	（5）	（6）
宣	（7）	（8）
創	（9）	（10）

あ 宀　い 冖　う イ　え 广
お 一　か 亅　き 刂　く 皿
け 身　こ 扌

（四）次の——線の**カタカナ**の部分を**漢字一字と送りがな（ひらがな）**になおしなさい。　(10) 2×5

〈例〉ボールをナゲル。（投げる）

1 夜になると葉をトジル植物がある。（　）
2 算数のテストで解答をアヤマル。（　）
3 辞書で言葉の意味をタシカメル。（　）
4 夕焼けの空が赤くソマル。（　）
5 宿題をスマセてから遊ぶ。（　）

（五）漢字の読みには**音**と**訓**があります。次の**熟語の読み**は□の中のどの組み合わせになっていますか。ア〜エの**記号**で答えなさい。　(20) 2×10

ア 音と音　イ 音と訓
ウ 訓と訓　エ 訓と音

10 合格への意欲を燃やしてがんばる。（　　）
11 国の認可を得て営業している。（　　）
12 話の筋道がはっきりしない。（　　）
13 配られたプリントの枚数を数える。（　　）
14 新しいくつにようやく慣れた。（　　）
15 おにぎりに梅干しを入れた。（　　）
16 思い出を心に刻む。（　　）
17 ささいな事で腹を立てるな。（　　）
18 子供たちは立派に成長した。（　　）
19 家庭訪問を行う。（　　）
20 列車の窓から景色を見る。（　　）

ア わかんむり　イ うかんむり
ウ りっとう　エ み
オ まだれ　カ さら
キ はねぼう　ク にんべん
ケ てへん　コ いち

（三） 次の漢字の**太い画**のところは**筆順の何画目**か、また**総画数は何画**か、算用数字（1、2、3…）で答えなさい。 (10) 1×10

〈例〉投（5）（7）　何画目　総画数

	何画目	**総画数**
展	（1　）	（2　）
宙	（3　）	（4　）
装	（5　）	（6　）
郷	（7　）	（8　）
暮	（9　）	（10　）

1 役割（　　）
2 節穴（　　）
3 道順（　　）
4 派手（　　）
5 背中（　　）
6 警報（　　）
7 重箱（　　）
8 遊覧（　　）
9 痛手（　　）
10 合図（　　）

（六） 次の**カタカナ**を**漢字**になおし、**一字**だけ書きなさい。 (20) 2×10

1 **リョウ**産体制（　　）
2 完全無**ケツ**（　　）
3 安全保**ショウ**（　　）
4 問題**ショ**理（　　）
5 一進一**タイ**（　　）
6 価**チ**判断（　　）
7 人権**ソン**重（　　）
8 公衆道**トク**（　　）
9 **ホウ**年満作（　　）
10 人口**ミツ**度（　　）

(七) 後の□の中のひらがなを漢字になおして、**対義語**(意味が反対や対になることば)と、**類義語**(意味がよくにたことば)を書きなさい。□の中のひらがなは**一度だけ**使い、**漢字一字**を書きなさい。

(20) 2×10

対義語

利益—(1)失 (　)

接続—切(2) (　)

過去—(3)来 (　)

制服—(4)服 (　)

移動—(5)定 (　)

類義語

役者—俳(6) (　)

地区—地(7) (　)

後方—(8)後 (　)

分類—類(9) (　)

(九) 漢字を二字組み合わせた熟語では、二つの漢字の間に意味の上で、次のような関係があります。

(20) 2×10

ア 反対や対になる意味の字を組み合わせたもの。(例…**強弱**)

イ 同じような意味の字を組み合わせたもの。(例…**進行**)

ウ 上の字が下の字の意味を説明(修飾)しているもの。(例…**国旗**)

エ 下の字から上の字へ返って読むと意味がよくわかるもの。(例…**消火**)

次の**熟語**は右のア〜エのどれにあたるか、**記号**で答えなさい。

1 灰色 (　)

2 死亡 (　)

3 登頂 (　)

4 帰郷 (　)

5 開閉 (　)

6 寒冷 (　)

7 順延 (　)

8 短冊 (　)

9 取捨 (　)

10 救命 (　)

(十) 次の——線の**カタカナ**を**漢字**になおしなさい。

(40) 2×20

1 夏休みに**キチョウ**な体験をした。 (　)

2 学芸会でおとぎ話の**ゲキ**を演じた。 (　)

3 急なでき事で頭が**コンラン**している。 (　)

4 ネコの**ヒタイ**ほどの小さな庭だ。 (　)

5 朗報は**ユウビン**受けに入っていた。 (　)

6 日本近海は魚の**ホウコ**だ。 (　)

7 君の意見はぼくのとは**コト**なる。 (　)

8 苦労して版画を**ス**り上げた。 (　)

9 台風で道路が**スンダン**された。 (　)

10 毎朝のラジオ**タイソウ**を欠かさない。 (　)

関心 ―（10）味　（　）

いき・きょう・こ・し・しょう
そん・だん・はい・べつ・ゆう

（八）後の□の中から漢字を選んで、次の意味にあてはまる**熟語**を作りなさい。答えは**記号**で書きなさい。　(10) 2×5

〈例〉本をよむこと。〔読書〕（シ・サ）

1 卒業した学校がおなじであること。（　・　）

2 国のいちばんもとになるきまり。（　・　）

3 足りない所をおぎないたすけること。（　・　）

4 機械などを動かして働かせること。（　・　）

5 病気などがすっかり治ること。（　・　）

ア 作	イ 快	ウ 操	エ 憲
オ 助	カ 法	キ 窓	ク 全
ケ 同	コ 補	サ 書	シ 読

（十）次の――線の**カタカナ**をそれぞれ別の**漢字**になおしなさい。　(20) 2×10

1 町内会の会長を**ツト**める。（　）

2 サービスの向上に**ツト**める。（　）

3 妹の**セイカク**は明るいほうだ。（　）

4 使ったお金を**セイカク**に計算する。（　）

5 カメラを**ナイゾウ**したけいたい電話だ。（　）

6 人体の**ナイゾウ**について勉強した。（　）

7 君の考えには**サイコウ**の余地がある。（　）

8 昨日は今年**サイコウ**の気温を記録した。（　）

9 スポーツを通して**シンゼン**を深める。（　）

10 **シンゼン**で家族の安全をいのる。（　）

11 女の子が**ニンギョウ**遊びをしている。（　）

12 人間としての生き方を**ト**いて聞かせる。（　）

13 マラソンのタイムを**チヂ**める。（　）

14 **ギュウニュウ**を温めて飲んだ。（　）

15 わかりやすくて**カンケツ**な文章だ。（　）

16 引き**シオ**で砂はまが広がっている。（　）

17 口うるさい上司を**ケイエン**する。（　）

18 妹のわがままは手に**オ**えない。（　）

19 母が**ホネミ**をおしまず働く。（　）

20 先ぱいの**チュウコク**を聞き入れる。（　）

予想模擬テスト 15

答えには、常用漢字の旧字体や表外漢字および常用漢字音訓表以外の読みを使ってはいけない。

時間 60分　合格点 140/200　得点

(一) 次の――線の**漢字の読み**を**ひらがな**で書きなさい。 (20) 1×20

1 春らしい暖かな一日だった。（　）
2 暗幕を閉めて映画を見る。（　）
3 天気が良いのでふとんを干した。（　）
4 磁石を使って方位を確かめる。（　）
5 注文した辞書がようやく届いた。（　）
6 ガイドに導かれて山を登る。（　）
7 父のパソコンが故障した。（　）
8 正午の時報に時計の針を合わせる。（　）
9 駅の売店で雑誌を買う。（　）

(二) 次の漢字の**部首**と**部首名**を後の□の中から選び、**記号**で答えなさい。 (10) 1×10

〈例〉作（う）（ク）

	部首	部首名
装	1（　）	2（　）
郵	3（　）	4（　）
蔵	5（　）	6（　）
幕	7（　）	8（　）
宅	9（　）	10（　）

あ 艹　い 厂　う 亻　え 巾
お 衣　か 戈　き 阝　く 士
け 冖　こ 宀

(四) 次の――線の**カタカナ**の部分を**漢字一字と送りがな(ひらがな)**になおしなさい。 (10) 2×5

〈例〉ボールをナゲル。（投げる）

1 父は定年まで県庁にツトメていた。（　）
2 話し合いで二人の意見がコトナル。（　）
3 雨のため遠足の日程をノバス。（　）
4 二階の屋根から雨水がタレル。（　）
5 説明を聞いて要点を書きトメル。（　）

(五) 漢字の読みには**音**と**訓**があります。次の**熟語の読み**は□の中のどの組み合わせになっていますか。ア〜エの**記号**で答えなさい。 (20) 2×10

ア 音と音　イ 音と訓
ウ 訓と訓　エ 訓と音

10 木の実を**探**しながら野山を歩く。（　　）

11 選手の**首筋**にあせが光っている。（　　）

12 日本は国際連合に**加盟**している。（　　）

13 **家系図**を作成する。（　　）

14 水不足を**補**うような雨だった。（　　）

15 都市には**高層**ビルが増えている。（　　）

16 水玉**模様**のゆかたを着ている。（　　）

17 イネの**若**いなえがすくすくのびる。（　　）

18 快い風を受けて湖を**遊覧**する。（　　）

19 協力し合い明るい家庭を**築**きたい。（　　）

20 道路の障害物を**除去**する。（　　）

ア おおざと　イ うかんむり
ウ ほこづくり
　 ほこがまえ　エ さむらい
オ わかんむり　カ はば
キ ころも　ク にんべん
ケ くさかんむり　コ がんだれ

(三) 次の漢字の**太い**画のところは**筆順の何画目**か、また**総画数は何画**か、**算用数字**（1、2、3…）で答えなさい。 (10) 1×10

〈例〉投（5）（7）　何画目　総画数

	何画目	総画数
善	（1　）	（2　）
済	（3　）	（4　）
認	（5　）	（6　）
背	（7　）	（8　）
衆	（9　）	（10　）

1 布地（　　）
2 米俵（　　）
3 加熱（　　）
4 番付（　　）
5 裏山（　　）
6 鉄棒（　　）
7 臨時（　　）
8 役場（　　）
9 模様（　　）
10 値札（　　）

(六) 次の**カタカナ**を**漢字**になおし、**一字**だけ書きなさい。 (20) 2×10

1 主**ケン**在民（　　）
2 規模**シュク**小（　　）
3 安全**セン**言（　　）
4 社会**ホ**障（　　）
5 **カク**張工事（　　）
6 郵**ビン**配達（　　）
7 防**サイ**対策（　　）
8 起**ショウ**転結（　　）
9 **ヒン**行方正（　　）
10 一挙両**トク**（　　）

(七) 後の□の中のひらがなを漢字になおして、**対義語**(意味が反対や対になることば)と、**類義語**(意味がよくにたことば)を書きなさい。□の中のひらがなは**一度だけ**使い、**漢字一字**を書きなさい。

(20) 2×10

対義語

派手―(1)味 (　)
出席―(2)席 (　)
複雑―単(3) (　)
同質―(4)質 (　)
失敗―成(5) (　)

類義語

方策―手(6) (　)
内職―(7)業 (　)
辞任―引(8) (　)
役割―任(9) (　)

(九) 漢字を二字組み合わせた熟語では、二つの漢字の間に意味の上で、次のような関係があります。

(20) 2×10

ア 反対や対になる意味の字を組み合わせたもの。(例…**強弱**)

イ 同じような意味の字を組み合わせたもの。(例…**進行**)

ウ 上の字が下の字の意味を説明(修飾)しているもの。(例…**国旗**)

エ 下の字から上の字へ返って読むと意味がよくわかるもの。(例…**消火**)

次の**熟語**は右のア〜エのどれにあたるか、**記号**で答えなさい。

1 去就 (　)
2 帰宅 (　)
3 困難 (　)
4 補足 (　)
5 再会 (　)
6 因果 (　)
7 家賃 (　)
8 開幕 (　)
9 禁止 (　)
10 異国 (　)

(十) 次の――線の**カタカナ**を**漢字**になおしなさい。

(40) 2×20

1 身軽な**フクソウ**で散歩に出かけた。 (　)(　)
2 お年寄りを**ウヤマ**う。 (　)
3 自分のまちがいを**ミト**める。 (　)
4 ロボットを**センモン**に研究する。 (　)(　)
5 息づまる熱戦の末、**オウザ**についた。 (　)(　)
6 苦しくても希望を**ス**ててはいけない。 (　)(　)
7 朝早く外に出て大きく**コキュウ**する。 (　)(　)
8 厳しい寒気が**ホネ**身にこたえる。 (　)(　)
9 けがの応急**ショチ**をする。 (　)(　)
10 かれの要求は**シリゾ**けられた。 (　)(　)

保管 ― 保（10）（　　）

い・けっ・こう・じ・じゅん
ぞん・たい・だん・ふく・む

（八）後の□の中から漢字を選んで、次の意味にあてはまる**熟語**を作りなさい。答えは**記号**で書きなさい。（10）2×5

〈例〉本をよむこと。〔読書〕（シ・サ）

1 そうではないと打ち消すこと。（　・　）
2 よく調べて、よいかどうかを考えること。（　・　）
3 物事がすすみ、はかどること。（　・　）
4 まじめで心のこもっていること。（　・　）
5 大切にしまっておくこと。（　・　）

ア展	イ秘	ウ定	エ誠
オ討	カ実	キ検	ク進
ケ蔵	コ否	サ書	シ読

（十）次の――線の**カタカナ**をそれぞれ別の**漢字**になおしなさい。（20）2×10

1 兄はミュージカルの**カンゲキ**が好きだ。（　　）
2 友の思いやりに**カンゲキ**した。（　　）
3 おみやげの**ホウソウ**紙を開く。（　　）
4 校内**ホウソウ**を使って呼びかける。（　　）
5 読む作品を**ゲンセン**する。（　　）
6 彼女は私のアイデアの**ゲンセン**だ。（　　）
7 **ヨ**い行いをしてほめられた。（　　）
8 算数のテストの成績が**ヨ**かった。（　　）
9 船が針路を北に**テンカイ**する。（　　）
10 球場では熱戦が**テンカイ**された。（　　）
11 日本の政治について**トウロン**する。（　　）
12 探査機は月面に**コウカ**した。（　　）
13 日本各地の**ブッカク**の写真をとる。（　　）
14 **ツクエ**の上を片づける。（　　）
15 海辺へ貝を**ト**りに出かける。（　　）
16 天体**ボウエン**鏡を買った。（　　）
17 新しい**ホウリツ**が制定された。（　　）
18 常識をこえた**カタヤブ**りの人物だ。（　　）
19 山頂からの**ケシキ**は天下一品だ。（　　）
20 ビルの**ケイビ**を強化する。（　　）

資料 常用漢字表・付表

覚えておきたい熟字訓・当て字訓

（○印は、どの時点で学習するかを示す）

漢字	読み	小学	中学	高校
明日	あす	○		
小豆	あずき		○	
海女・海士	あま			○
硫黄	いおう		○	
意気地	いくじ		○	
田舎	いなか		○	
息吹	いぶき			○
海原	うなばら		○	
乳母	うば		○	
浮気	うわき			○
浮つく	うわつく		○	
笑顔	えがお		○	
叔父・伯父	おじ		○	
大人	おとな	○		
乙女	おとめ		○	
叔母・伯母	おば		○	
お巡りさん	おまわりさん		○	
お神酒	おみき			○
母屋・母家	おもや			○
母さん	かあさん	○		
神楽	かぐら			○
河岸	かし			○
鍛冶	かじ		○	
風邪	かぜ		○	
固唾	かたず		○	
仮名	かな		○	
蚊帳	かや			○

漢字	読み	小学	中学	高校
為替	かわせ		○	
河原・川原	かわら	○		
昨日	きのう	○		
今日	きょう	○		
果物	くだもの	○		
玄人	くろうと			○
今朝	けさ	○		
景色	けしき	○		
心地	ここち		○	
居士	こじ			○
今年	ことし	○		
早乙女	さおとめ		○	
雑魚	ざこ			○
桟敷	さじき			○
差し支える	さしつかえる		○	
五月	さつき		○	
早苗	さなえ		○	
五月雨	さみだれ		○	
時雨	しぐれ		○	
尻尾	しっぽ		○	
竹刀	しない		○	
老舗	しにせ		○	
芝生	しばふ		○	
清水	しみず	○		
三味線	しゃみせん		○	
砂利	じゃり		○	
数珠	じゅず			○

上手	じょうず	○		
白髪	しらが		○	
素人	しろうと			○
師走	しわす（しはす）			○
数寄屋・数奇屋	すきや			○
相撲	すもう		○	
草履	ぞうり		○	
山車	だし			○
太刀	たち		○	
立ち退く	たちのく		○	
七夕	たなばた	○		
足袋	たび		○	
稚児	ちご			○
一日	ついたち	○		
築山	つきやま			○
梅雨	つゆ		○	
凸凹	でこぼこ		○	
手伝う	てつだう	○		
伝馬船	てんません			○
投網	とあみ			○
父さん	とうさん	○		
十重二十重	とえはたえ			○
読経	どきょう			○
時計	とけい	○		
友達	ともだち	○		
仲人	なこうど			○
名残	なごり		○	
雪崩	なだれ		○	
兄さん	にいさん	○		
姉さん	ねえさん	○		
野良	のら			○
祝詞	のりと			○
博士	はかせ	○		
二十・二十歳	はたち		○	
二十日	はつか	○		
波止場	はとば		○	
一人	ひとり	○		
日和	ひより		○	
二人	ふたり	○		
二日	ふつか	○		
吹雪	ふぶき		○	
下手	へた	○		
部屋	へや	○		
迷子	まいご	○		
真面目	まじめ	○		
真っ赤	まっか	○		
真っ青	まっさお	○		
土産	みやげ		○	
息子	むすこ		○	
眼鏡	めがね	○		
猛者	もさ			○
紅葉	もみじ		○	
木綿	もめん		○	
最寄り	もより		○	
八百長	やおちょう			○
八百屋	やおや	○		
大和	やまと		○	
弥生	やよい		○	
浴衣	ゆかた			○
行方	ゆくえ		○	
寄席	よせ			○
若人	わこうど		○	

「日本漢字能力検定」の受検の申し込み方法や検定実施日など，検定の詳細につきましては，「日本漢字能力検定協会」のホームページなどをご参照ください。
　また，本書に関する最新情報は，当社ホームページにある**本書の「サポート情報」**をご覧ください。（開設していない場合もございます。）

漢字検定 5級 ピタリ！予想模試〔三訂版〕

編著者　絶対合格プロジェクト
発行者　岡　本　明　剛
印刷所　寿　印　刷

発行所　**受験研究社**

© 株式会社 **増進堂・受験研究社**

〒550-0013 大阪市西区新町２丁目19番15号
注文・不良品などについて：(06)6532-1581(代表)／本の内容について：(06)6532-1586(編集)

注意 本書を無断で複写・複製(電子化を含む)して使用すると著作権法違反となります。

Printed in Japan　高廣製本
落丁・乱丁本はお取り替えします。

ひっぱると，はずして使えます。

漢字検定

ピタリ！

予想模試 5級

解答編

予想模擬テスト❶ 標準解答

2ページ～5ページ

(一) 読み (20)

1	2	3	4	5	6	7	8	9	10
わ	しんこく	ようさん	かじゅえん	かいか	りょういき	ゆうそう	たまご	ちょうしゃ	すいしん

(二) 部首と部首名 (10)

1	2	3	4	5	6	7	8	9	10
お	ウ	こ	エ	い	コ	き	イ	え	キ

(四) 漢字と送りがな (10)

1	2	3	4	5
認める	忘れる	険しい	備える	危ない

(六) 四字の熟語 (20)

1	2	3	4	5	6	7	8	9	10
優	絶	担	射	補	揮	言	築	存	密

(八) 熟語作り (10)

1	2	3	4	5
オ・ウ	ク・イ	キ・ケ	ア・コ	エ・カ

(九) 熟語の構成 (20)

1	2	3	4	5	6	7	8	9	10
ウ	ア	ウ	ア	エ	ア	ウ	エ	エ	イ

(十) 漢字 (40)

1	2	3	4	5	6	7	8	9	10
遺産	拡張	出任	延長	盛	俳句	調律	済	巻	届

20	19	18	17	16	15	14	13	12	11
こま	こつし	うつ	しせい	とうじ	の	ごかい	おさな	せんねん	いた

（三）画数（10）

10	9	8	7	6	5	4	3	2	1
9	7	7	6	15	13	12	11	7	6

（五）音と訓（20）

10	9	8	7	6	5	4	3	2	1
ア	エ	ア	イ	ア	ウ	エ	イ	ウ	ア

（七）対義語・類義語（20）

10	9	8	7	6	5	4	3	2	1
誠	加	至	己	敬	独	尊	公	革	乱

（十）同じ読みの漢字（20）

10	9	8	7	6	5	4	3	2	1
個展	古典	成果	聖火	禁止	近視	型	片	公衆	講習

20	19	18	17	16	15	14	13	12	11
我先	穀物	誤	憲章	机	故障	値引	誕生	警察	胸囲

予想模擬テスト❷

標準解答

6ページ～9ページ

(一) 読み (20)

1	2	3	4	5	6	7	8	9	10
みっぺい	かぶわ	くちべに	けつろん	ろうどく	はり	かんばん	かいかく	ほ	そうぎょう

(二) 部首と部首名 (10)

1	2	3	4	5	6	7	8	9	10
こ	イ	か	ウ	あ	エ	け	ア	お	キ

(四) 漢字と送りがな (10)

1	2	3	4	5
割れた	痛い	導き	設ける	営む

(六) 四字の熟語 (20)

1	2	3	4	5	6	7	8	9	10
路	吸	装	敵	郵	雑	得	承	欲	足

(八) 熟語作り (10)

1	2	3	4	5
ケ・カ	オ・ウ	イ・キ	ア・ク	エ・コ

(九) 熟語の構成 (20)

1	2	3	4	5	6	7	8	9	10
ア	ウ	イ	ア	エ	エ	イ	エ	ウ	イ

(十) 漢字 (40)

1	2	3	4	5	6	7	8	9	10
補	姿	黒潮	連	権利	勤勉	親善	除	保存	住宅

20	19	18	17	16	15	14	13	12	11
した	みなもと	きりつ	ま	こうふん	せなか	やしろ	たず	はんしゃ	たいそう

(三)画数 (10)

10	9	8	7	6	5	4	3	2	1
18	15	18	16	14	2	13	9	11	6

(五)音と訓 (20)

10	9	8	7	6	5	4	3	2	1
ア	エ	ア	エ	ウ	エ	イ	ア	ウ	イ

(七)対義語・類義語 (20)

10	9	8	7	6	5	4	3	2	1
歩	細	著	給	刊	閉	難	辞	臨	源

(十)同じ読みの漢字 (20)

10	9	8	7	6	5	4	3	2	1
視界	司会	返	帰	優良	有料	衛生	衛星	移動	異動

20	19	18	17	16	15	14	13	12	11
障害	果物	立派	窓口	心臓	裏庭	筋道	軽視	正座	棒

予想模擬テスト❸ 標準解答

10ページ～13ページ

(一) 読み (20)

1	2	3	4	5	6	7	8	9	10
いさん	こきょう	ちょめい	きざ	そ	しょくよく	せいとう	みと	ひひょう	こうしゅう

(二) 部首と部首名 (10)

1	2	3	4	5	6	7	8	9	10
き	カ	え	コ	あ	ケ	こ	エ	お	ウ

(四) 漢字と送りがな (10)

1	2	3	4	5
修める	至る	迷っ	幼い	務める

(六) 四字の熟語 (20)

1	2	3	4	5	6	7	8	9	10
捨	聖	優	誌	因	担	混	臨	骨	善

(八) 熟語作り (10)

1	2	3	4	5
キ・イ	カ・ケ	ク・ア	ウ・オ	コ・エ

(九) 熟語の構成 (20)

1	2	3	4	5	6	7	8	9	10
ウ	エ	ア	ウ	イ	ウ	イ	イ	ア	エ

(十) 漢字 (40)

1	2	3	4	5	6	7	8	9	10
保護	担任	単純	裏手	忘	熟練	砂場	秘密	樹木	糖分

20	19	18	17	16	15	14	13	12	11
はい	と	あやま	あな	はいえい	あず	まんぷく	ちち	ちそう	いただき

(三) 画数 (10)

10	9	8	7	6	5	4	3	2	1
11	2	15	9	13	11	9	5	11	9

(五) 音と訓 (20)

10	9	8	7	6	5	4	3	2	1
ウ	イ	ア	エ	ア	ウ	ウ	ア	イ	ウ

(七) 対義語・類義語 (20)

10	9	8	7	6	5	4	3	2	1
陽	善	賛	宝	異	減	複	亡	宅	沿

(十) 同じ読みの漢字 (20)

10	9	8	7	6	5	4	3	2	1
納	治	想像	創造	推進	水深	見当	検討	四季	指揮

20	19	18	17	16	15	14	13	12	11
眼鏡	厳	観察	垂	末永	乳歯	雑誌	五冊	尺八	姿勢

予想模擬テスト④

標準解答

14ページ～17ページ

(一) 読み (20)

1	2	3	4	5	6	7	8	9	10
かくちょう	はか	ちいき	いひん	せんでん	いずみ	とうぶん	あとかたづ	ぶしょう	きげん

(二) 部首と部首名 (10)

1	2	3	4	5	6	7	8	9	10
か	コ	き	カ	い	ウ	け	イ	え	キ

(四) 漢字と送りがな (10)

1	2	3	4	5
捨てる	久しい	激しい	燃やす	暮れる

(六) 四字の熟語 (20)

1	2	3	4	5	6	7	8	9	10
転	収	異	党	晩	宙	策	専	危	探

(八) 熟語作り (10)

1	2	3	4	5
イ・ケ	ク・カ	キ・ア	エ・コ	オ・ウ

(九) 熟語の構成 (20)

1	2	3	4	5	6	7	8	9	10
ア	ウ	ウ	イ	エ	ウ	ア	ウ	エ	イ

(十) 漢字 (40)

1	2	3	4	5	6	7	8	9	10
興奮	警報	従	訳	干	穴	胸	絵巻物	貯蔵	筋道

20	19	18	17	16	15	14	13	12	11
ちゅうげん	しょうじ	てんらん	よ	はいかん	ほきょう	おさ	むずか	ふうちょう	うたが

(三) 画数 (10)

10	9	8	7	6	5	4	3	2	1
12	4	12	11	18	2	8	3	10	10

(五) 音と訓 (20)

10	9	8	7	6	5	4	3	2	1
ア	ウ	イ	エ	ウ	ア	イ	エ	ア	ウ

(七) 対義語・類義語 (20)

10	9	8	7	6	5	4	3	2	1
造	段	賃	朗	周	著	模	寒	縦	閉

(十) 同じ読みの漢字 (20)

10	9	8	7	6	5	4	3	2	1
磁気	時季	注視	中止	約	訳	高価	降下	改装	快走

20	19	18	17	16	15	14	13	12	11
山頂	反映	刻	脳	乱	収容	発揮	笛	危険	築

予想模擬テスト5

標準解答

18ページ〜21ページ

(一) 読み (20)

1	2	3	4	5	6	7	8	9	10
すがた	つく	しょとく	すなば	かんけつ	かんちょう	ま	く	さば	えだまめ

(二) 部首と部首名 (10)

1	2	3	4	5	6	7	8	9	10
こ	エ	お	ケ	き	オ	あ	カ	い	キ

(四) 漢字と送りがな (10)

1	2	3	4	5
供える	洗う	疑う	任せる	除く

(六) 四字の熟語 (20)

1	2	3	4	5	6	7	8	9	10
己	源	愛	刻	規	専	脳	単	賛	延

(八) 熟語作り (10)

1	2	3	4	5
カ・エ	ア・コ	ク・イ	ケ・キ	ウ・オ

(九) 熟語の構成 (20)

1	2	3	4	5	6	7	8	9	10
エ	ウ	イ	ア	ウ	イ	ウ	ア	エ	ウ

(十) 漢字 (40)

1	2	3	4	5	6	7	8	9	10
尺	激	映像	郷土	私	毎晩	認	射	指揮	傷口

11	12	13	14	15	16	17	18	19	20
へいてん	われ	かいらん	くいき	かぎ	きけん	しょめい	よくじつ	つうやく	やさ

(三) 画数 (10)

1	2	3	4	5	6	7	8	9	10
4	8	6	8	4	13	4	10	6	8

(五) 音と訓 (20)

1	2	3	4	5	6	7	8	9	10
ア	ウ	ア	ア	エ	ウ	ウ	イ	ウ	ア

(七) 対義語・類義語 (20)

1	2	3	4	5	6	7	8	9	10
温	禁	否	在	縮	疑	案	就	貴	準

(十) 同じ読みの漢字 (20)

1	2	3	4	5	6	7	8	9	10
志望	死亡	景観	警官	住	済	努	務	政党	正当

11	12	13	14	15	16	17	18	19	20
操作	異常	系	痛	呼	沿道	株主	宇宙	枚貝	幕

予想模擬テスト6 標準解答

22ページ〜25ページ

(一) 読み (20)

1	2	3	4	5	6	7	8	9	10
ひはん	てつぼう	じょうえい	いた	しゅうしょく	わたくし わたし	か	かし	ほうもん	おさ

(二) 部首と部首名 (10)

1	2	3	4	5	6	7	8	9	10
か	オ	え	ケ	こ	エ	あ	ウ	き	イ

(四) 漢字と送りがな (10)

1	2	3	4	5
招く	敬う	示す	退ける	率いる

(六) 四字の熟語 (20)

1	2	3	4	5	6	7	8	9	10
遺	乱	異	座	推	衛	暖	宣	欲	刻

(八) 熟語作り (10)

1	2	3	4	5
キ・オ	コ・ウ	カ・エ	ク・ア	ケ・イ

(九) 熟語の構成 (20)

1	2	3	4	5	6	7	8	9	10
イ	ア	イ	エ	ウ	エ	エ	ア	ウ	イ

(十) 漢字 (40)

1	2	3	4	5	6	7	8	9	10
演奏	姿	沿	改革	階段	対策	奮	植樹	聖火	冷蔵

20	19	18	17	16	15	14	13	12	11
ようさい	たがや	なみき	のうぜい	あ	へ	こんなん	さかいめ	へいか	きりつ

（三）画数 (10)

10	9	8	7	6	5	4	3	2	1
7	7	9	6	15	4	8	7	4	2

（五）音と訓 (20)

10	9	8	7	6	5	4	3	2	1
ウ	ア	エ	イ	ウ	ア	ア	エ	エ	イ

（七）対義語・類義語 (20)

10	9	8	7	6	5	4	3	2	1
承	災	均	幕	視	密	退	段	危	専

（十）同じ読みの漢字 (20)

10	9	8	7	6	5	4	3	2	1
糖分	当分	延	述	完結	簡潔	後任	公認	潮	塩

20	19	18	17	16	15	14	13	12	11
鉄鋼	注	郷里	補足	疑	欲張	班長	頭脳	区域	看板

予想模擬テスト ⑦

標準解答

26ページ～29ページ

(一) 読み (20)

1	2	3	4	5	6	7	8	9	10
おんだんか	ばんしゅう	ざせき	いた	ちぢ	ひたい	ていきょう	そ	さんぱい	つと

(二) 部首と部首名 (10)

1	2	3	4	5	6	7	8	9	10
き	イ	い	カ	あ	キ	け	ウ	お	エ

(四) 漢字と送りがな (10)

1	2	3	4	5
届ける	志し	厳しい	述べる	絶える

(六) 四字の熟語 (20)

1	2	3	4	5	6	7	8	9	10
衆	株	論	域	肉	権	揮	私	泳	難

(八) 熟語作り (10)

1	2	3	4	5
オ・ウ	ク・イ	エ・コ	ケ・カ	ア・キ

(九) 熟語の構成 (20)

1	2	3	4	5	6	7	8	9	10
ウ	イ	イ	ア	エ	イ	ウ	イ	エ	ア

(十) 漢字 (40)

1	2	3	4	5	6	7	8	9	10
推進	優勝	延	独奏	窓辺	唱	感謝	難航	運賃	閉

20	19	18	17	16	15	14	13	12	11
ほねお	かち	はざくら	そんちょう	うらにわ	にゅうし	うやま	す	ほうえい	かいまく

(三) 画数 (10)

10	9	8	7	6	5	4	3	2	1
8	7	11	10	9	7	16	13	15	9

(五) 音と訓 (20)

10	9	8	7	6	5	4	3	2	1
イ	エ	ウ	エ	ア	ウ	ア	ウ	ウ	イ

(七) 対義語・類義語 (20)

10	9	8	7	6	5	4	3	2	1
宅	留	盟	異	誠	幼	難	快	収	損

(十) 同じ読みの漢字 (20)

10	9	8	7	6	5	4	3	2	1
要	居	下	降	善戦	前線	強度	郷土	腹	原

20	19	18	17	16	15	14	13	12	11
迷子	鉄棒	温泉	寸前	欠	俳句	将来	中傷	方針	閉店

予想模擬テスト⑧

標準解答 30ページ〜33ページ

(一) 読み (20)

1	2	3	4	5	6	7	8	9	10
しんぴ	あなば	れいぞう	よ	みずか	びぼうろく	てんしゅかく	さが	こうてつ	むそう

(二) 部首と部首名 (10)

1	2	3	4	5	6	7	8	9	10
か	イ	け	カ	こ	エ	お	コ	あ	ウ

(四) 漢字と送りがな (10)

1	2	3	4	5
裁く	頂く	再び	補う	構える

(六) 四字の熟語 (20)

1	2	3	4	5	6	7	8	9	10
策	衆	革	存	断	討	郷	路	創	補

(八) 熟語作り (10)

1	2	3	4	5
ウ・ア	キ・イ	エ・コ	オ・ケ	ク・カ

(九) 熟語の構成 (20)

1	2	3	4	5	6	7	8	9	10
ウ	ウ	ア	エ	ウ	ア	エ	イ	ウ	イ

(十) 漢字 (40)

1	2	3	4	5	6	7	8	9	10
確	政策	街路樹	貴重	口紅	創設	暴	蒸気	手洗	株

11	12	13	14	15	16	17	18	19	20
あぶ	えんき	よ	わりびき	たていと	ちょしゃ	こきゅう	こと	こころよ	けいご

(三) 画数 (10)

1	2	3	4	5	6	7	8	9	10
5	6	6	7	8	13	3	10	8	11

(五) 音と訓 (20)

1	2	3	4	5	6	7	8	9	10
ア	イ	ア	エ	ウ	エ	イ	ウ	ア	ウ

(七) 対義語・類義語 (20)

1	2	3	4	5	6	7	8	9	10
奮	現	片	易	帰	勤	版	激	経	署

(十) 同じ読みの漢字 (20)

1	2	3	4	5	6	7	8	9	10
観衆	慣習	音	練	共	供	先刻	宣告	時刻	自国

11	12	13	14	15	16	17	18	19	20
宣伝	食欲	管	縮尺	拝	作詞	値	困	密集	針

予想模擬テスト❾

標準解答

34ページ～37ページ

(一) 読み (20)

1	2	3	4	5	6	7	8	9	10
くら	すいそく	ひき	りんかい	むね	こうせん	ばんしゅう	たも	わけ	はっき

(二) 部首と部首名 (10)

1	2	3	4	5	6	7	8	9	10
え	カ	く	キ	あ	コ	お	ウ	け	オ

(四) 漢字と送りがな (10)

1	2	3	4	5
染める	暴れる	刻む	好み	難しい

(六) 四字の熟語 (20)

1	2	3	4	5	6	7	8	9	10
辞	厳	収	誌	絶	臓	口	域	安	給

(八) 熟語作り (10)

1	2	3	4	5
キ・ア	イ・ケ	オ・ク	エ・カ	コ・ウ

(九) 熟語の構成 (20)

1	2	3	4	5	6	7	8	9	10
ウ	イ	ア	イ	エ	ウ	ウ	ウ	エ	イ

(十) 漢字 (40)

1	2	3	4	5	6	7	8	9	10
資源	許可	疑問	演劇	背泳	照	至急	出勤	骨組	補修

20	19	18	17	16	15	14	13	12	11
じゅうらい	す	ぬのじ	じょうはつ	も	てっきん	と	さんちょう	お	きょうど

(三) 画数 (10)

10	9	8	7	6	5	4	3	2	1
10	1	10	7	16	10	17	1	7	7

(五) 音と訓 (20)

10	9	8	7	6	5	4	3	2	1
ウ	ア	ア	ウ	イ	ア	イ	ア	イ	ア

(七) 対義語・類義語 (20)

10	9	8	7	6	5	4	3	2	1
損	寸	処	将	段	任	過	敗	雑	干

(十) 同じ読みの漢字 (20)

10	9	8	7	6	5	4	3	2	1
針路	進路	厚	熱	解消	快勝	止	留	優待	勇退

20	19	18	17	16	15	14	13	12	11
映	宝	明朗	翌月	署名	若葉	開閉	温暖	染	険

予想模擬テスト⑩

標準解答 38ページ～41ページ

(一) 読み (20)

1	2	3	4	5	6	7	8	9	10
のぞ	はんしゃ	した	うんちん	みき	せいじつ	ほうせき	ようじ	ふたた	ないかく

(二) 部首と部首名 (10)

1	2	3	4	5	6	7	8	9	10
か	エ	お	ケ	い	キ	あ	コ	け	オ

(四) 漢字と送りがな (10)

1	2	3	4	5
至る	耕す	従って	過ごし	寄せる

(六) 四字の熟語 (20)

1	2	3	4	5	6	7	8	9	10
映	処	論	遺	鳥	得	災	臨	良	革

(八) 熟語作り (10)

1	2	3	4	5
ア・キ	ク・イ	エ・コ	オ・ウ	ケ・カ

(九) 熟語の構成 (20)

1	2	3	4	5	6	7	8	9	10
ア	エ	イ	イ	ウ	エ	イ	ウ	エ	ウ

(十) 漢字 (40)

1	2	3	4	5	6	7	8	9	10
訪	砂糖	並	裁判	価値	舌打	推理	独創	看病	高層

11	12	13	14	15	16	17	18	19	20
げんじゅう	みだ	かんとう	しき	せいかたい	おが	ぎもん	しんろ	こ	は

(三) 画数 (10)

1	2	3	4	5	6	7	8	9	10
7	8	6	13	6	12	7	10	6	11

(五) 音と訓 (20)

1	2	3	4	5	6	7	8	9	10
エ	ア	ウ	イ	ア	ウ	ア	イ	ア	ウ

(七) 対義語・類義語 (20)

1	2	3	4	5	6	7	8	9	10
疑	減	権	複	個	素	得	宣	賛	周

(十) 同じ読みの漢字 (20)

1	2	3	4	5	6	7	8	9	10
会談	階段	厳禁	現金	保障	保証	波	並	成果	青果

11	12	13	14	15	16	17	18	19	20
欠	片側	背中	紅色	供	奮戦	俳優	経	訪問	損

予想模擬テスト⑪ 標準解答

42ページ～45ページ

(一) 読み (20)

1	2	3	4	5	6	7	8	9	10
はいく	あ	けいとう	てんこ	そうち	とうと たっと	ゆる	うちゅう	しせい	しゅうにん

(二) 部首と部首名 (10)

1	2	3	4	5	6	7	8	9	10
き	エ	お	ケ	い	カ	え	オ	か	ウ

(四) 漢字と送りがな (10)

1	2	3	4	5
縮める	困る	垂らし	並べる	快く

(六) 四字の熟語 (20)

1	2	3	4	5	6	7	8	9	10
適	操	宅	私	射	耕	視	奏	訪	命

(八) 熟語作り (10)

1	2	3	4	5
ク・カ	コ・ウ	キ・ア	エ・ケ	イ・オ

(九) 熟語の構成 (20)

1	2	3	4	5	6	7	8	9	10
エ	イ	ウ	ウ	エ	イ	ア	ウ	ア	ウ

(十) 漢字 (40)

1	2	3	4	5	6	7	8	9	10
評価	幼	納	深刻	翌年	手厚	視界	勇姿	似	預

11	12	13	14	15	16	17	18	19	20
ごじ	きざ	へんさい	ふんき	ささ	しべん	したが	こうごう	しゃそう	じぞう

(三) 画数 (10)

1	2	3	4	5	6	7	8	9	10
8	9	8	11	5	7	13	15	9	13

(五) 音と訓 (20)

1	2	3	4	5	6	7	8	9	10
ア	ウ	ア	ア	エ	ウ	イ	ウ	ア	エ

(七) 対義語・類義語 (20)

1	2	3	4	5	6	7	8	9	10
秘	停	痛	可	純	活	展	祖	揮	眼

(十) 同じ読みの漢字 (20)

1	2	3	4	5	6	7	8	9	10
金属	勤続	構想	高層	加工	河口	自身	磁針	映	移

11	12	13	14	15	16	17	18	19	20
同盟	模写	首筋	腹案	並木	針金	今晩	自己	通訳	巻

予想模擬テスト⑫ 標準解答

46ページ〜49ページ

(一) 読み (20)

1	2	3	4	5	6	7	8	9	10
そ	じこ	しさつ	ほうりつ	すいてい	きび	ふくそう	さいよう	こくもつ	たいさく

(二) 部首と部首名 (10)

1	2	3	4	5	6	7	8	9	10
え	カ	き	ケ	お	ア	こ	エ	い	キ

(四) 漢字と送りがな (10)

1	2	3	4	5
暖かい	奮い	乱れる	訪ねて	好ましい

(六) 四字の熟語 (20)

1	2	3	4	5	6	7	8	9	10
存	割	疑	署	潮	革	朗	歴	棒	欲

(八) 熟語作り (10)

1	2	3	4	5
エ・コ	ア・キ	オ・ウ	カ・ク	ケ・イ

(九) 熟語の構成 (20)

1	2	3	4	5	6	7	8	9	10
イ	ウ	ア	エ	イ	エ	ウ	ア	エ	イ

(十) 漢字 (40)

1	2	3	4	5	6	7	8	9	10
紅白	灰色	至	苦	看護師	痛	勤	拝	刻印	内閣

20	19	18	17	16	15	14	13	12	11
ぶっかく	はら	きゅうめい	しょぞう	た	しご	たいそう	きぬ	みっせつ	あやま

(三) 画数 (10)

10	9	8	7	6	5	4	3	2	1
10	3	4	1	9	4	7	3	9	4

(五) 音と訓 (20)

10	9	8	7	6	5	4	3	2	1
ア	ウ	エ	イ	ウ	ア	イ	エ	ア	ウ

(七) 対義語・類義語 (20)

10	9	8	7	6	5	4	3	2	1
勤	派	忠	久	著	簡	好	否	縮	収

(十) 同じ読みの漢字 (20)

10	9	8	7	6	5	4	3	2	1
供	備	至急	支給	値	根	発射	発車	警護	敬語

20	19	18	17	16	15	14	13	12	11
出演	敬老	暮	延期	縮	解除	訳	泉	骨格	心臓

予想模擬テスト⑬

標準解答

50ページ～53ページ

(一) 読み (20)

1	2	3	4	5	6	7	8	9	10
さか	えんげき	じゅんしん	かくてい	こうほ	むら	せいか	しゃくど	さば	しかい

(二) 部首と部首名 (10)

1	2	3	4	5	6	7	8	9	10
か	エ	き	ア	い	コ	え	オ	こ	ウ

(四) 漢字と送りがな (10)

1	2	3	4	5
納める	慣れる	届く	尊い	支える

(六) 四字の熟語 (20)

1	2	3	4	5	6	7	8	9	10
宙	始	郵	刀	疑	根	論	巻	装	能

(八) 熟語作り (10)

1	2	3	4	5
エ・ケ	ア・カ	ウ・オ	イ・キ	ク・コ

(九) 熟語の構成 (20)

1	2	3	4	5	6	7	8	9	10
イ	ウ	ア	ア	イ	ウ	イ	エ	イ	ア

(十) 漢字 (40)

1	2	3	4	5	6	7	8	9	10
加盟	善悪	快	簡単	磁石	乳	遊覧	縦	尊重	筋肉

20	19	18	17	16	15	14	13	12	11
さくらなみき	しゅくしょう	たわら	つうきん	もう	えんがん	かいこ	じょうこう	こんざつ	けんぽう

(三) 画数 (10)

10	9	8	7	6	5	4	3	2	1
10	6	16	12	10	3	14	12	10	7

(五) 音と訓 (20)

10	9	8	7	6	5	4	3	2	1
ア	エ	イ	ア	ウ	イ	ア	エ	ウ	イ

(七) 対義語・類義語 (20)

10	9	8	7	6	5	4	3	2	1
輸	務	論	資	誕	費	垂	現	孫	片

(十) 同じ読みの漢字 (20)

10	9	8	7	6	5	4	3	2	1
当分	等分	点字	展示	観戦	幹線	値	音	増加	造花

20	19	18	17	16	15	14	13	12	11
情	就職	腹	砂	樹立	盛	道徳	政党	紅茶	景勝

予想模擬テスト 14

標準解答

54ページ～57ページ

(一) 読み (20)

1	2	3	4	5	6	7	8	9	10
けいご	しゅうがく	たんじょう	わす	こうしゅう	はげ	こくそう	つと	ふる	いよく

(二) 部首と部首名 (10)

1	2	3	4	5	6	7	8	9	10
え	オ	こ	ケ	く	カ	あ	イ	き	ウ

(四) 漢字と送りがな (10)

1	2	3	4	5
閉じる	誤る	確かめる	染まる	済ませ

(六) 四字の熟語 (20)

1	2	3	4	5	6	7	8	9	10
量	欠	障	処	退	値	尊	徳	豊	密

(八) 熟語作り (10)

1	2	3	4	5
ケ・キ	エ・カ	コ・オ	ウ・ア	ク・イ

(九) 熟語の構成 (20)

1	2	3	4	5	6	7	8	9	10
ウ	イ	エ	エ	ア	イ	ウ	ウ	ア	エ

(十) 漢字 (40)

1	2	3	4	5	6	7	8	9	10
貴重	劇	混乱	額	郵便	宝庫	異	刷	寸断	体操

11	12	13	14	15	16	17	18	19	20
にんか	すじみち	まいすう	な	うめぼ	きざ	はら	りっぱ	ほうもん	まど

(三) 画数 (10)

1	2	3	4	5	6	7	8	9	10
7	10	4	8	1	12	11	11	8	14

(五) 音と訓 (20)

1	2	3	4	5	6	7	8	9	10
イ	ウ	エ	イ	ウ	ア	イ	ア	ウ	エ

(七) 対義語・類義語 (20)

1	2	3	4	5	6	7	8	9	10
損	断	将	私	固	優	域	背	別	興

(十) 同じ読みの漢字 (20)

1	2	3	4	5	6	7	8	9	10
務	努	性格	正確	内蔵	内臓	再考	最高	親善	神前

11	12	13	14	15	16	17	18	19	20
人形	説	縮	牛乳	簡潔	潮	敬遠	負	骨身	忠告

予想模擬テスト⑮

標準解答

58ページ～61ページ

(一) 読み (20)

1	2	3	4	5	6	7	8	9	10
あたた	あんまく	ほ	じしゃく	とど	みちび	こしょう	はり	ざっし	さが

(二) 部首と部首名 (10)

1	2	3	4	5	6	7	8	9	10
お	キ	き	ア	あ	ケ	え	カ	こ	イ

(四) 漢字と送りがな (10)

1	2	3	4	5
勤め	異なる	延ばす	垂れる	留める

(六) 四字の熟語 (20)

1	2	3	4	5	6	7	8	9	10
権	縮	宣	保	拡	便	災	承	品	得

(八) 熟語作り (10)

1	2	3	4	5
コ・ウ	キ・オ	ク・ア	エ・カ	イ・ケ

(九) 熟語の構成 (20)

1	2	3	4	5	6	7	8	9	10
ア	エ	イ	イ	ウ	ア	ウ	エ	イ	ウ

(十) 漢字 (40)

1	2	3	4	5	6	7	8	9	10
服装	敬	認	専門	王座	捨	呼吸	骨	処置	退

11	12	13	14	15	16	17	18	19	20
くびすじ	かめい	かけいず	おぎな	こうそう	もよう	わか	ゆうらん	きず	じょきょ

(三) 画数 (10)

1	2	3	4	5	6	7	8	9	10
6	12	9	11	8	14	7	9	9	12

(五) 音と訓 (20)

1	2	3	4	5	6	7	8	9	10
エ	ウ	ア	イ	ウ	ア	ア	イ	ア	ウ

(七) 対義語・類義語 (20)

1	2	3	4	5	6	7	8	9	10
地	欠	純	異	功	段	副	退	務	存

(十) 同じ読みの漢字 (20)

1	2	3	4	5	6	7	8	9	10
観劇	感激	包装	放送	厳選	源泉	善	良	転回	展開

11	12	13	14	15	16	17	18	19	20
討論	降下	仏閣	机	採	望遠	法律	型破	景色	警備